孩子，我想温柔对你

不惩罚不娇纵管出好孩子

李文雯 ◎著

北京理工大学出版社
BEIJING INSTITUTE OF TECHNOLOGY PRESS

图书在版编目（CIP）数据

孩子，我想温柔对你：不惩罚不娇纵管出好孩子 / 李文雯著. —北京：北京理工大学出版社，2017.7（2018.4重印）

ISBN 978 - 7 - 5682 - 4164 - 9

Ⅰ.①孩… Ⅱ.①李… Ⅲ.①家庭教育 Ⅳ.①G78

中国版本图书馆CIP数据核字（2017）第112474号

出版发行 / 北京理工大学出版社有限责任公司
社　　址 / 北京市海淀区中关村南大街5号
邮　　编 / 100081
电　　话 /（010）68914775（总编室）
（010）82562903（教材售后服务热线）
（010）68948351（其他图书服务热线）
网　　址 / http: //www. bitpress. com. cn
经　　销 / 全国各地新华书店
印　　刷 / 三河市华骏印务包装有限公司
开　　本 / 710毫米×1000毫米　1/16
印　　张 / 15.25
字　　数 / 134千字
版　　次 / 2017年7月第1版　2018年4月第4次印刷
定　　价 / 35.00元

责任编辑 / 杨海莲
文案编辑 / 杨海莲
责任校对 / 周瑞红
责任印制 / 施胜娟

序

当我再次怀孕，我不再像初次怀孕时那样担心孕期中宝宝的健康、自己的饮食等，我担心的是老二出生后，我是否能够有效正确地处理两个孩子之间的关系，是否能够心平气和地面对他们的争执。说实话，我对自己没有信心。直到我再次坐在书桌前投入地学习、思索并把学到和悟到的一些方法积极投入实践中，直到看到我的两个孩子在这些新方法的引导下变得愈加合作、自律、自信、快乐、懂事，我的信心才一点点恢复。

我现在坚信，我是能够教育好两个孩子的，因为我有勇于承认自己不完美的勇气，我有一颗愿意进取、愿意反省的心。其实再“专业”的父母，也是普通的爸爸妈妈，他们首先是人，是人就有七情六欲，就有喜怒哀乐，就有情绪爆发做错事的时候，美国教育家简·尼

尔森教授都有情绪失控拿着鸡毛掸子追着孩子打的糗事，更何况我们这些道行极浅的父母。关键是我们是否敢于承认自己的不完美，关键是我们做错事后是否有愿意反省、愿意改正的决心，关键是我们在知道正确的方法后，是否真的做到了。

我的第一本书《孩子，这就是我给你的爱》出版后，受到很多家长和教师的好评，他们纷纷打电话或者来信咨询，说里面的方法很好，可操作、有效，家长们希望我能再写一本书，来帮助他们解决现实生活中的具体问题。是的，教育孩子是一个浩瀚的工程，里面的内容博大精深，岂是一本书就能解决的。所以，只要能对家长们有帮助，我愿意再次执笔，把这三年的沉淀和感悟分享给大家。

本书秉承的一个宗旨是专注于解决问题。因为在我接触的那么多家长中，他们往往注重逻辑后果而陷入恶性循环：家长与孩子的关系越来越糟糕，孩子的不良行为越来越严重。在教育孩子方面，家长常常感到无力和无能。这种状况多半是家长的不当教育方式导致的。例如当家长以命令和指责的口气指挥孩子做事时，孩子往往是抗拒的。如果家长换种做法，比如帮助孩子建立生活惯例表，让孩子参与解决问题或者使用无言的提醒，孩子往往是乐于合作的。

在本书中，还有一个重要的教子原则——温和而坚定，这是我们在教育孩子过程中应该一直贯穿的原则。因为在现实生活中，以下两种常见类型的家长都有不足：严厉型父母缺乏温和，使孩子缺乏安全感，感受不到父母的爱，严重的可能会造成孩子心理畸形；溺爱型父母缺乏坚定，使孩子没有规矩，缺乏教养，严重的可能会使孩子走上犯罪道路。而“温和而坚定”既能使孩子感受到父母的爱，又能使孩子修正不良行为。比如孩子不好好吃饭，在你决定不再给他零食后，他可能会哭闹。这时，你就需要温和地接纳他的情绪：“宝贝，我知道饿肚子的滋味不好受，但我相信你肯定能坚持到晚上。”说完，还可以给他一个大大的拥抱。然后，任凭孩子怎么哭闹，你都要坚定地执行原则，不要给孩子零食。要不了几次，你就会发现，孩子能够好好地吃饭了。当中途再想吃零食时，他也不会哭闹了。这就是“温和而坚定”的魅力。

此书从日常对孩子养育中的常见问题着手，给家长们提供了很多具体可行的解决方案。建议大家看此书前，能够先读我的第一本书《孩子，这就是我给你的爱》。这样，您在育子理念和方法上肯定会有新的收获和欣喜。同时，我也欢迎各位家长能够给我积极写信，共同分享读完此书的感悟以及在实践中运用的成果。

在此，真诚感谢北京理工大学出版社对我的欣赏与厚爱，没有编辑的帮助，这本书也不会这么顺利地与大家见面。

目录

第三章 如何处理孩子的愤怒

第四章 如何鼓励孩子与我们合作

第一章 父母教养的类型

试想一下，如果一个孩子在你家里生活十年和在别人家里生活十年，这个孩子的性格、气质、习惯、前途会不会不同？答案是肯定不同。为什么？很简单，主要是因为家庭教育不同。

什么是家庭教育？家庭教育是指在家庭中由家长自觉地、有意识地按一定社会、一定阶段对培养人的要求，通过自己的言传身教和家庭生活实践，对子女实施一定教育影响的社会活动。这里面有一个词特别重要——影响。那么父母对孩子的影响会有多大呢？父母对孩子的影响远远超出很多人的想象，有一个教育调查机构研究显示，父母和家庭对于一个人一生成长的影响会占到80%以上，也就是说，今天你是什么样子，80%以上取决于你的父母亲，取决于你的家庭对你的影响。所以，家长的性格和教养方式才是真正决定孩子成才与否的重要因素。

那么，家长一般可以分为哪几个类型呢？本章对这个问题进行阐述。

一、专制型

这类父母奉行“养不教父之过，教不严师之惰”的准则，认为孩子必须遵守家长制定的规矩，要求孩子必须无条件地服从父母的安排，不能有丝毫的反抗。这类父母通常比较严厉，不经常与孩子进行沟通，也不听从孩子的建议和意见。其经常用到的方法就是攀比、说教、呵斥、指责、批评和惩罚。

教育家苏霍姆林斯基说：“大声叱责，是人们相互关系中修养很差的基本特征。凡是出现大声叱责的地方，就有粗鲁行为和情感冷漠的现象。用大声叱责（家庭中还有拳头）的方式教育出来的孩子，失去了感觉别人最细腻的感情的能力，他看不到也感觉不到周围的美，他非常冷漠无情，毫无怜悯心，在他的行为中有时会出现往往是人身上最可怕的表现——残忍。”

有位单亲妈妈，性格非常强势，她不仅要求自己优秀，还要求孩子各方面也必须优秀。所以她从女儿1岁多开始，就在各方面对孩子进行严格的管教。如果孩子不好好吃饭，妈妈会把孩子碗中的饭全倒掉；如果孩子不好好刷牙，她会把牙刷一折两半，丢进垃圾桶；如果孩子不好好弹琴，她就用戒尺打孩子手心；如果孩子不听话，她就把孩子锁在小黑屋……在家长的严厉教育下，孩子确实被训练得很乖，按时吃饭，认真刷牙，会弹很多首曲子……但她发现，刚刚5岁多的孩子，一方面表现得胆小怕事，到外面都不敢跟小朋友玩；另一方面在家里脾气又很大，且表现出令人不可思议的残忍，比如虐待家里的小猫，把猫尾巴踩住用脚跺，或用沙发靠垫把小猫捂到半死，看小猫痛苦的样子，她则表现出满足的神情。一般小女孩都喜欢芭比娃娃，她则好像跟这些娃娃有仇，动不动就肢解芭比娃娃，把娃娃的头和四肢揪下来，甚至用剪刀剪破。

更让这位妈妈不解的是，有次她带着孩子过马路，等待绿灯的时候，她的女儿突然冒出来一句话：“要是你被车撞死就好了！”这位妈妈大吃一惊，忙问女儿为什么有这样的想法，她的女儿冷冷地回应：“随便说说。”此后，任凭母亲如何套问，这个孩子都是一言不发。

这位妈妈不能理解，她的孩子怎么这样？

儿童天性都是善良温柔的，如果说一个孩子表现出冷酷、残忍和绝望，一定是他（她）在生活中体会了太多的冷酷无情。蒙台梭利博士说：“每种性格缺陷都是由儿童早期经受的某种错误对待造成的。”

我们看一些恶性刑事案件的犯罪分子的成长史，几乎全部可以发现他们童年时代接受了极端严厉的家庭教育。可以说，几乎所有的极端残忍者，都有一个精神或肉体严重受虐的童年。尽管家长对孩子的初衷都是好的，但这不足以掩盖家长不当教育方式带给孩子的永远的身心伤害。虽然这部分家长往往给予了孩子很高的期望和要求，但结果往往事与愿违，他们的孩子并不像他们期待的那样。孩子要么变得极其叛逆、暴躁、残忍、情感淡薄、充满仇恨、缺少人际沟通能力，要么变得特别顺从、胆小、懦弱、自卑、内向、没有主见、缺乏创造力和想象力等。孩子甚至会有生理上的一些反应，如呕吐、腹泻、胃肠疾患以及失眠等。这不足以为怪，因为经常被苛责的孩子，学会了苛刻；经常被打骂的孩子，学会了仇恨；经常被批评的孩子，很容易变得自卑；经常被限制的孩子，会越来越刻板、固执……虽然儿童的缓慢成长给了一些人暂时的幻觉，但栽下罂粟不会结出樱桃，恶果不知会在哪个枝条上结出。

二、娇纵型

这类父母对孩子十分溺爱放纵，对孩子的要求想尽一切办法满足，不加以控制，孩子有自由但没有规矩。他们非常善于妥协，因为他们不愿看到孩子不开心。他们常用的方法就是包办、代替、轻易满足、过分爱护、对孩子的选择不加限制等。

在我们国家，由于施行多年的独生子女政策，娇纵型的父母非常多。他们常常有一种错误的观念：我就一个孩子，不想让他那么辛苦，只要他高兴就好。于是，他们总是没有原则地满足孩子的一切需求。其结果如何呢？下面请看一个案例。

陈亮，16岁，因故意伤害罪被判有期徒刑。陈亮因怀疑同学张某在背后说自己的坏话，还向老师告“黑状”，便趁张某值日时，拿刀朝张某身上刺了几刀，致使张某重伤。案发后，陈某很后悔，说自己犯罪的原因最重要的一条就是从小被父母亲宠爱过度。由于从小被娇宠惯了，陈亮一直唯我独尊，无论是在学校里，还是在社会上，都吃不得半点亏、受不得半点气，动不动就跟同学吵架、打架。父母还经常教他：谁欺负你了，你就和他拼，拼不赢有我们呢！于是，陈亮慢慢在学校里成了出名的打架大王，还与校内外的一些人结成团伙，只要觉得谁不顺眼，就无端生事找谁的麻烦，然后狠狠地收拾他一顿。陈亮说：如果从小父母不是这样娇惯溺爱我，我也许就不会有今天的下场。

这就是娇纵型父母种下的恶果，看似是爱实则是害！在这种家庭里长大的孩子受不得半点委屈，出现问题也从不会从自身找原因。为什么？因为这是父母教会他的。这种父母看不得孩子为犯错而失落、伤心、生气，所以当孩子出现问题时总爱帮孩子找各种借口来掩饰。例如：

孩子迟到了，谴责自己或其他家人喊孩子起床晚了；

孩子忘记写作业了，埋怨别人没提醒他；

孩子在学校与同学发生矛盾了，骂其他同学素质差；

孩子骑自行车摔倒了，怪别人没照看好；

孩子把东西碰掉了，怪别人放得不是地方；

……

总而言之，这类家长总能找到理由为自己的孩子开脱，认为自己的孩子永远是对的，出现问题都是别人或者客观原因造成的。这种观念下教育出来的孩子谈何责任心、上进心！

成功与失败也许只有一点差别，凡是遇到问题能够主动从自身找原因的人就容易成功，凡是遇到问题总是找别人原因，找客观理由的人就不容易成功。

娇纵型父母培养的孩子看似幸福，实则相反，他们通常比较自私、不懂得分享和感恩，缺乏责任心、容忍力和自制力，经常得寸进尺、索取无度，而且不爱自己动手，长大以后会变得好吃懒做，生活自理能力差。在大多数情况下，不论发生了什么事情，他们都会感到高度焦虑。

三、严厉／娇纵兼顾型

这类父母通常有一个特点：在学习上对孩子有“三高”——高期望、高要求、高目标；在生活上对孩子溺爱娇纵。在他们的眼里，只要孩子学习好，什么都可以忽略。这样的观念教育出来的孩子往往是问题孩子。

下面这样的孩子是不是好孩子？

1. 学习主动、自觉，从不让家长操心。

2. 多才多艺、才艺突出。

3. 学业成功，考上了一所好大学（这是很多家长梦寐以求的）。

4. 自食其力，考上大学后，就自己做家教挣钱养活自己，不再问家里要钱。

5. 努力追求成功。

那大家说，这个孩子是好孩子吗？从这五点来看，这个孩子符合很多父母对好孩子的期望，可是，他是谁呢？他就是2010年驾车撞伤人后，看见人家记他的车牌号，又拿刀刺了对方八刀致其死亡，然后驾车逃逸的药家鑫，现在已被执行死刑。

还有一个孩子，4岁学习钢琴；8岁学习书法；10岁加入中国少年冰球队，连续两届荣获全国希望杯青少年儿童钢琴比赛二等奖、中国作品演奏奖和全国少儿钢琴比赛金奖、第八届北京钢琴艺术节优秀演奏奖；连续三届分别荣获“爱我中华”全国青少年书法大赛铜、银、金奖，并入选2009年“激情奥运，爱我中华”青少年书画双年展；2009年成为最年少的海淀区书法协会会员。

看着这辉煌的成绩，我想给孩子报了很多特长班的家长肯定很羡慕。那么，他是谁呢？他是2013年以强奸罪被抓入狱的李天一，被判有期徒刑10年。

看似这样优秀的孩子为什么会有这样可怕的下场？从根本上来说，这是家长不当的教育方式导致的。这类家长在孩子的能力和才华上高要求、高期望、高目标，倾注了很多的精力；在孩子的德行和责任培养上没有要求、无原则满足。

这种方式下教育出来的孩子有这样几个特点：

1. 价值观错位。他把挣钱当作成功，把成功当作幸福。也就是说，他在物质上过度追求，导致精神空虚；他把成功当成幸福导致充满着压力和焦虑，感受不到快乐和幸福。

2. 自私自利。一切从自己的利益出发，不顾及别人的感受。比如说最近有一个家长找到我，哭得一塌糊涂，他说他的儿子今年考大学，按照他儿子的平时成绩考一本没问题，但是他儿子为了和自己喜欢的女同学同校，故意答错试卷、拉低分数，考到了一个不入流的大专院校。知道真相后，母亲痛心疾首，儿子却满不在乎。

这样的儿子是不是太自私、太冷漠了！光考虑自己，从没有想过父母的感受。可是，这又怪谁呢？从小父母对孩子就只管学习，生活上一味包办、满足，一切以孩子为中心。孩子哪有机会学习换位思考和感恩呢？

3. 不敢承担责任。药家鑫为了逃避责任，怕撞伤的人回来索赔或找自己的麻烦，竟然连捅别人8刀，置人于死地。这是为什么呢？因为其家长过于严厉，使孩子不敢担当。在家庭教育中，父母不能容忍孩子犯一点儿错。

4. 内心阴暗不快乐。具体表现为心理不健康，不会与人相处，性格存在明显缺陷：极端、叛逆、多疑。

记者采访药家鑫时，他说："在父母的教育下，我内心很不快乐，特别迷茫，有时候会想到死和自杀；有一次，因为弹琴弹错了，父亲就把我关在地下室里，屋子里黑漆漆的，周围一片寂静，我害怕极了，只能把脸紧紧贴在地板上，透过地下的门缝感受一点点光。"可以想见，这样的经历给孩子带来多大的心理创伤和阴影！

5. 唯我独尊，没有规则意识。这也是导致李天一犯罪的直接原因，我想要什么就必须得到什么，哪怕使用犯罪手段，我也在所不

惜。这样的性格和父母的教育方式直接相关。李天一的父母——李双江和梦鸽夫妇从小对孩子无原则地宠爱，在物质生活上总是毫不吝惜、过度满足、没有限制。孩子未成年就给他买豪华宝马跑车，未成年就允许孩子出入酒吧。这样无原则无底线的宠爱势必会给孩子造成一种假象：我想做什么就可以做什么。可哪知欲望无止境，害人终不浅。

可以说，在中国当今社会，这种类型的父母最多也最可怕，虽然很多孩子不至于成为药家鑫、李天一，但处处都可见小号的药家鑫、李天一。

我希望家长能够警醒，因为这种方式教育出来的孩子，势必会虚荣攀比、追求物质、唯我独尊、不知感恩、自私享乐、没有责任、心理扭曲。

四、情绪型

这类父母的行为往往以情绪为主导，心情好、有时间的时候就对孩子温柔有加，孩子提出什么要求都想法满足；但如果自己心情欠佳或者工作中遇到了挫折，就极易把脾气撒在孩子身上，严格控制孩子的一言一行，即使是孩子的合理需求也不愿意理会。家里的规矩是随着家长的情绪而变化的。这种方式教育出来的孩子也会是情绪型、易躁型、悲观型、敏感多疑型的孩子。

下面案例中的孩子就是这种典型。

一天，刮着大风，大班的嘟嘟一个人站在阳台上很久，老师喊他回来，嘟嘟说："我想跳楼。"老师心里"咯噔"了一下，怕刺激孩子，故作镇定地说："这么高的楼，跳下去，人会摔死的。"

"我就想死。"

“你死了，爸爸妈妈多难过啊！”

“我就想让他们难过。他们吵架，都说死，我很难过。”

嘟嘟说着眼泪流了下来。老师把嘟嘟紧紧抱在了怀里。

显然，嘟嘟的情绪反应是不健康的。一个5岁左右的孩子应该是天真烂漫的，小脑袋里会有奇思妙想，但一般跟死亡是不沾边的。就算是孩子单纯模仿大人，没心没肺地说了这些生与死的话题，那也不应该是这样的。

无论如何，这都不是5岁孩子应有的表现。

故事背后的故事：

嘟嘟的爸爸妈妈都是公司职员，工作繁忙，早出晚归，无暇照顾嘟嘟的饮食起居，更无心关注嘟嘟的情感世界。老师发现，这对夫妻都是情绪化的人，家里的情绪环境要么热火朝天，要么寒气逼人。这冰火两重天的家庭氛围全然取决于嘟嘟父母的工作状态和由此带来的情绪变化。他们的家庭环境、情绪气氛似乎处于某种失控状态。

爸爸妈妈天天跟嘟嘟生活在一起，感情上却很少有真正的交流。嘟嘟不仅经受着亲情饥渴，他的情绪世界还时时遭遇“交通堵塞”。嘟嘟的不良情绪反应和情绪行为，跟他的家庭环境有着很大的关系。

父母的行为如果过于情绪化，孩子的行为就会处处充满情绪化。

妞妞是一个只有3岁的小女孩，她有一双大眼睛，长得漂亮可爱，可就是脾气大得要命，经常摔东西，大哭大叫，每次发脾气不哭上一个小时结束不了。妞妞的妈妈是我的好朋友，为此她充满困惑地来找我诉说，她说不知道这孩子怎么了，如此情绪化，高兴时乖巧得让人心疼，不高兴时却让全家人都受不了。

面对妞妞妈妈的无奈，我让她先谈谈平时自己情绪控制的状况。谈到自己，妞妞妈妈叹了口气说："妞妞这样，我知道都是因为我，不过，她父亲有时也特别情绪化。我们俩都是独生子女，还没打算结婚时发现怀了妞妞，只好奉子成婚。那时我妊娠反应比较严重，还要筹备婚礼，很多事都要自己打理，他父亲根本就不插手，我又着急又焦虑，搞得天天情绪不好，见到他父亲就跟他吵。所以可能妞妞在我怀着她的时候就受了不少刺激。

"孩子出生以后，我辞职在家带孩子，只有老公一个人赚钱，家里的经济很拮据。虽然我父母也会帮我一些，但我总觉得经济紧张是因为老公不够能干，他下班回来我就找碴跟他吵架。我生了妞妞以后，体重增加了30多斤，原来苗条的身材再也找不回来了，我又生气又着急，情绪总处在波动之中：有时老公下班回来关心我一下，我就特高兴；有时他回来对我不闻不问，我就特生气，不管三七二十一就跟他吵。

“后来，老公发现他一下班回家，除了帮我带孩子，还得听我唠叨，索性在外面不混到半夜不回家。因为他回家晚，我不知跟他吵了多少次。他原来还挺能忍的，后来见我越来越凶，他也经常跟我大吵大闹。我们俩吵完架就和好，可好不了多长时间，又吵得更厉害。好几次都谈到了离婚的事儿，但我知道我们两个都心疼妞妞，也都爱着对方，不忍心真去离婚，可就是相处得不好，总觉得一天不吵几次，这日子就没法过了。

“妞妞刚生下来时特别乖巧，很少哭闹，可我发现就这两年，因为我们两个总吵架，妞妞的脾气也变坏了，她的要求有一点没满足，马上就摔东西。我知道这一点是跟我学的。我一发火就爱摔东西，手机都摔坏好几个了，可我没想到她这么小的孩子学得这么快。有时她爸抱着她，她要我抱，我手里有事没答应她，她马上就大哭大叫的，像是被人打了一样。不管什么事，只要她想要的，她不通过正常表达方式来达到目的，一定是又哭又闹，半天才让我明白她想干什么。我以前只知道大人会有情绪化的行为，从来不懂得这么小的孩子也会如此情绪化。

“自从妞妞的情绪经常变化无常以来，她父亲也有些不耐烦了，过去他从来不舍得打孩子，可现在妞妞这么小，他还是经常在孩子闹得不可开交时打她几下。虽然当时好像孩子不怎么敢闹了，但我知道这不是一种好方法。因为他爸爸心软下来的时候，我发现妞妞闹得更厉害，提的要求更无理。

“现在我们俩为了孩子经常吵架，他说这样的孩子就要打，我绝对不允许他打，我们俩一吵，孩子就哇哇大叫。我要是高兴起来，孩子怎么闹都可以，不高兴了，孩子一叫我就训她让她闭嘴。她爸也是，高兴了抱着孩子到处转，生气了孩子一哭就给她一巴掌。我知道这样对孩子不好，可情绪来了就是无法控制自己的行为。我父母老说妞妞的脾气就是让我们俩给惯坏的，我也不知道是不是这样，可这孩子原来可真不是这样子的，她才3岁，就已经情绪化得让我们有些受不了了，再大一点该怎么办啊，想想真是可怕。”

妞妞妈妈说着说着眼眶都有些红了，看得出来，才刚刚3岁大的妞妞，真让这个年轻的妈妈有些手足无措了。

从一个生下来人见人爱的婴儿，到每天大哭大闹让人心烦的3岁幼儿，妞妞的变化的确让人有些惋惜。俗话说“3岁看老”，如果这样的家庭环境持续下去，那么妞妞长大也一定摆脱不了她母亲的影子。

美国的心理学家就曾经说过这样一句话：“情绪化的行为就像瘟疫一样，具有传染性。”

曾经有人在实验室里做过这样一项实验，在一个很大的房间里有十几个人在愉快地交谈。一对年轻的情侣走进这个房间，刚开始他们还在耳鬓厮磨，悄悄倾吐情话，可不一会儿，这对情侣就开始吵架，并且越吵越凶，两个人都变得很愤怒。正在愉快交谈的那十几个人开始停下来关注他们，只见那对情侣越吵越厉害，声音越来越大。这时心理学家发现，刚才还很愉快的那十几个人全部开始变得心情沮丧，并且有了想要吵架的冲动，甚至有的人心跳开始加速，情绪有些愤怒。

这便是情绪化的行为对周边人的心理影响。我们常说心理决定行为，当一个人心理沮丧，并且情绪开始冲动的时候，他的行为一定会失去控制，并且不加掩饰。

所以，心理学家说，情绪化的行为就像瘟疫一样，会使身边情绪正常的人情绪变坏。从这一点来看，就很容易解释，为什么那个刚出生时如此乖巧可爱的妞妞，会在3岁时变成一个“可怕的女孩”。

正是妞妞的父母，这对年轻的爸爸妈妈，每天情绪化的“表演”给了妞妞如此生动与深刻的“熏陶”，使她很快学会了模仿。因为3岁以前的孩子最擅长的就是模仿，这时的幼儿基本还不具备完整的思维能力，但由于视觉和听觉发达，她更具备观察和感受的能力。也就是说对于这个年龄段的孩子来说，父母的行为比他们的语言更有影响力。

妞妞每天看到的都是妈妈高兴了就满足她的任何要求、不高兴了就对她大声训斥，爸爸开心了就过来抱抱她、不开心时就会因为她吵揍她的屁股。爸爸妈妈这种不稳定的情绪、不讲道理的行为给了妞妞这样一种行为暗示，那就是我高兴了你们怎么样都可以，我不开心了就要吵得让你们没有办法。

妞妞父母这种很情绪化的行为还有一个很严重的后果便是，我想怎样发泄都可以，我从来都不需要考虑后果，不需要考虑别人的感受，我只要能够达到目的就可以了。

这一点也影响到了妞妞的行为选择，她之所以只要大人不满足她的要求，便不顾一切地开始大哭大叫，不顾一切地宣泄自己的情绪，正是因为她从来不会考虑后果，只考虑自己能不能达到目的。

所以，在很多家庭问题个案中我们都会发现这样的轨迹，情绪化的父母养育的孩子会更加情绪化，从来不会控制自己情绪的妈妈，一定会有一个从来不计后果、只顾自己宣泄的孩子。经常发脾气、情绪不稳定的父母，是每个家庭的灾难，它不仅会毁掉家庭的安宁，还让孩子也染上这种情绪不稳定的瘟疫。

对于这样的孩子来说，最重要的是他的未来会受到影响。这种情绪化的行为会影响他的智力及情商的发展，这样的孩子通常无法胜任更优秀的职位或更高端领域的职业。所以，在国外很多大型企业的高管职位测评报告上，都会有是否“有情绪化的行为倾向”这一类的测试题目。

因为情绪化的行为倾向常常让一个人无法理智而客观地把握现实，做出正确的处理决定或判断。

具有情绪化行为的孩子，最大的问题是他很少享受到快乐。因为总被自己波动的情绪所控制，所以他总是很难得到满足。因为从来得不到满足，所以他永远都体验不到快乐为何物。

不快乐的孩子是很难给别人带来快乐的，像才只有3岁的妞妞，已经让父母感到如此的棘手，这样的孩子即便将来进了幼儿园或学校，也会让接近他的人感到沮丧，感到无法相处，因为他的情绪变化无常，经常让身边的人不知所措。

我们养育孩子，最希望看到孩子是快乐的，每个家庭都渴望孩子的笑声，孩子的笑脸是这个世界上最美的风景。可如果我们的孩子因为情绪化的行为倾向很少快乐，很少有笑容，相信每一位父母心里都会无比沉重。

可是，我们能说这是孩子自己的问题吗？显然不能。

父母具有情绪化的行为倾向，就会给孩子带来情绪化的行为影响。这种类型的家长教育出来的孩子情绪化严重、急躁任性、缺乏规则意识、亲子关系僵化、分不清是非、敏感多疑、焦虑忧郁。

综上所述，我们可以看出，从孩子的长远发展来看，这几种类型家长的教养方式都不适合孩子。无论是专制型、娇纵型、严厉/娇纵型还是情绪型，孩子们依靠的都是“外在的控制”，是家长始终在为孩子的行为负责。专制型依靠的是奖励和惩罚，娇纵型依靠的是家长包办或者家长为孩子担责，严厉/娇纵型二者都有，情绪型依靠的是家长的情绪。当大人不在场时会怎样？孩子们会无节制地玩游戏、看电视、吃零食等。有趣的是，家长们往往意识不到这是由自己在训练孩子时的不负责任造成的，反过来还埋怨孩子没有责任心、自控力等。

那么，有没有一种方法既可以避免这些教养类型的弊端，又可以发展孩子的各项社会技能呢？

五、正面教导

正面教导是一种既不专制也不娇纵、更不情绪化的管教方式，它建立在尊重的基础上，以合作的态度，和孩子一起制定双方都同意的规则，它的关键点在于帮助孩子解决问题，从而培养孩子的自信、自律、自立、责任心、合作、诚实和上进等一些优秀品质。

为了让大家更好地理解这一类型和其他类型的不同，我们选择一个大家都熟悉的情景来剖析。

相信大家都还记得刚送孩子上幼儿园时的情景吧，面对孩子的抵触和哭闹，我们一般是怎么处理的呢？

在一个专制型的家庭里，只有那个最专制的人（比如是爸爸）才知道什么是最好的，孩子完全没有表达感受的机会。当孩子哭嚷着说“不想去幼儿园”时，那个专制的爸爸会发出最严厉的呵斥“必须去”，如果呵斥不管用，爸爸会像抓犯人一样强行把他抱到幼儿园，甚至会狠狠地揍孩子一顿。在这个过程中，孩子的真实感受始终被忽略，更不要说获得别人的认同和接纳。在强迫的威胁下，孩子或许会很快接受这个事实（周一到周五必须去幼儿园），但是这种简单粗暴的做法会深深地伤害孩子，时间一长，孩子会变得冷漠、仇视、易怒等，对人对事也会变得简单粗暴。

更有甚者，有些专制型父母会拿“送孩子上幼儿园”来威胁孩子，比如：“再不听话，就把你送去幼儿园。”这样的话本身就是一个非常不好的暗示，家长无意当中就把幼儿园塑造成一个“魔窟”，一个惩罚孩子的地方，请问，这样怎么会让孩子喜欢上幼儿园呢？更可笑的是，当孩子哭闹着不愿意去幼儿园时，家长居然无法理解。

娇纵型的父母面对这一情况会怎么处理呢？这类父母最害怕的就是孩子的眼泪和哀求，孩子一哭，父母就妥协。今天答应只送半天幼儿园，明天答应不去幼儿园，就这样送送停停，孩子要过相当长的一段时间才能够正常入园。

毫不夸张地说，我见过一年甚至两年都不能够适应幼儿园生活的孩子，孩子痛苦，家长也痛苦，可是，这怪谁呢？还是我们家长。因为家长总是给孩子希望，这个“希望”是什么？就是我一哭闹，我就可以随心所欲，我就可以达到目的。这样做的结果是孩子很难接受现实、面对现实。所以，能够正常送孩子入园的战线就会拉得很长。

其实，这不难理解，就像男女之间谈恋爱，女方本来想提出分手，但就是心太软，男方一哀求、一承诺，女方就妥协。这样的模棱两可，暧昧不清，使得男方总是心存希望、心神不宁，使分手的战线拉得很长，对谁来讲都没有好处。

这样的做法使孩子适应环境的能力变得很差，遇到问题不是积极面对而是想着怎么逃避，心理变得极其脆弱和敏感。

严厉/娇纵型家长面对这一情况可能会恩威并施。幼儿园必须上，但我可以答应你一个条件：今天买个遥控汽车，明天买个芭比娃娃，周末带你去游乐场。总而言之，学业上的事情可以换取生活方面的任何要求，只要你好好学习。我见过一位家长，孩子做对一道数学题，家长就奖励10元；孩子考到班级前五名，家长就奖励100元；孩子考了第一名，家里所有成员（包括年迈的奶奶）都必须跪在地上当"大马"，让孩子骑在背上满屋子转。这是何等的功利和扭曲！这样的做法可能会使孩子成才，但绝对难以成人。

以情绪为主导的家长，和娇纵型家长有些类似，在送孩子入园的问题上，也是送送停停。不同的是，情绪型家长以情绪为主导，情绪好的时候，孩子的要求可以满足；情绪不好的时候，孩子的要求直接无视。这样的做法导致孩子喜怒无常，分不清是非，正常入园的战线也拉得很长。

那么，"正面教导"型家庭是怎么做的呢？

首先，在送孩子入园的前一段时间，正面教导型父母便会有意地给孩子讲述一些幼儿园里生活的场景，并告诉孩子，小朋友到了一定的年龄就要上幼儿园，就像大人成年后必须工作一样。小朋友的任务是学习新知识、结交新朋友，大人的任务是努力工作实现人生价值和改善生活。这是我们每个人不同的责任。

其次，在送孩子入园的时候，正面教导型父母会多留出一些时间和孩子告别，当孩子不情愿或者哭闹时，父母的态度是温和而坚定的。父母可能会抱一抱孩子，给孩子情感上的安慰和认同，这样会使孩子的感受好很多。但同时父母送孩子入园的态度是坚决的，父母可以给孩子一个有限制的选择："你是要现在进班，还是10分钟后再进班？""你是要牵着妈妈的手进班，还是自己走进去？""在进园之前，我们是拥抱三次还是五次呢？"甚至父母可以用幻想法来满足孩子的愿望："哦，今天要是周末就好了，我可以不用上班，你也不用去幼儿园。"

当孩子的感受得到认可、接纳，对他来讲，就是一个很大的安慰，这会令他的感觉好起来，当他的感觉好起来，他也更容易配合你。因为在这个过程当中，孩子感受到的是浓浓的爱，是善意，是安全的分离。孩子明白：父母送我入园不是不爱我，他们很爱我，我们只是暂时分离。

我记得在送女儿入园时，她几乎没怎么哭闹过，即使哭闹几次时间也很短，因为她早早就懂得了一个道理：如果不能改变状况，就尽量平静愉悦地接受。

当然，如果父母刚开始学习使用正面教导的方法，孩子的不良行为可能会加剧，因为他已经习惯了成人惯有的回应——当他哭闹时，父母或者妥协，或者许诺买东西，或者惩罚等。可现在，父母的态度只是温和而坚定，这可能会使孩子不知所措，甚至大发脾气。这个时候，有些父母可能会觉得，正面教导的方法根本没有什么效果，其实不是。如果你再坚持一段时间，你会发现，虽然第一次使用正面教导的方法，孩子的不良行为或许会加剧，但渐渐地，孩子的不良行为出现的次数越来越少、强度越来越弱，直至消失。因为他真实地体验到了，他操纵你的策略（比如哭闹）不起作用了。这就是正面教导的魅力，它致力于积极的长期效果，而非像专制型管教那样，不良行为虽然一遭到惩罚就会立即停止，但它会一而再，再而三地出现，而且极易让孩子为逃避惩罚而学会撒谎和欺骗。而娇纵型管教除了让孩子变得更加自私、霸道、无理取闹、有恃无恐、寻找各种理由逃避责任，估计没有任何好处了。

正面教导的方法之所以长期有效，是因为它含有一个非常重要的原则就是“温和而坚定”。温和而坚定，是我自己想到的词语。对这个原则，美国心理学大师科胡特有另外一个术语可以描绘——“不含敌意的坚决”。这个术语突出了“非敌意”，即无论你怎样，我都不会有敌意产生。我的出发点是在尊重你的基础上，坚定地执行原则。

这个工具是我们教导孩子的根基，在使用任何方法的时候，几乎都需要用到它。“温和”代表的是成人对孩子的接纳、理解和尊重；“坚定”则意味着成人的决心、原则和执行。上面我们所讲述的严厉型父母缺乏的是温和，娇纵型父母缺乏的是坚定，情绪型和严厉/娇纵型则是温和与坚定胡乱出现，导致孩子是非不分。温和而坚定是以

尊重孩子、维护孩子的尊严为前提的，同时态度明确坚定，让孩子知道他们的不良行为不会达到自己想要的结果，这样就会促使孩子停止不良行为，往正面积极的方面改变。

下面的章节就让我们来分享行之有效的正面教导的工具。

第二章

如何处理自己的愤怒

有些情绪尽管我们不喜欢，并极力克制，但它总会发生，比如愤怒。愤怒本身并不邪恶，它是一种正常的生理反应，而真正危险的是那些由愤怒转化成的言语和行为。心情平和时，我们往往能够做出正确的预测和判断，也能够用正确的方法对待孩子，但是，当愤怒发生时，我们往往是怎么对待孩子的呢？

请大家回想一下自己发怒时的情形，有没有看到一个咬牙切齿、一手叉腰一手指着孩子，在那儿正无所顾忌地大呼小叫、辱骂、挖苦孩子的“你自己”，更有甚者，开始动手打孩子。当这一切结束，懵懂无知的家长可能没有任何内疚与不安，因为他们从没意识到自己的言行会给孩子带来多么严重的后果！他们不知道孩子的自卑、自暴自弃、不求上进、脾气暴躁、叛逆等行为与自己对待孩子的方式有关。一个长期处在被批评、否定、辱骂、挑毛病环境中的孩子，还能有什么自信和优秀可言？而大部分家长，往往会陷入后悔和内疚中。我们在心底悄悄地下定决心，下次绝不再这样对待孩子了，这样做实在是太伤害孩子的身心了！可是，当愤怒再次来袭时，我们依然重复着刚才的言语和行为。

如果我们有足够的控制力，也许我们会压制住一两次的愤怒，可结果呢？当愤怒实在无法避免时，我们往往会变本加厉地把这些发泄给孩子，使孩子身心受到更大的伤害，这就是愤怒被压抑的后果。被压抑的愤怒往往更具有破坏力！翻翻报纸的社会新闻版，你会看到类似的新闻：被解雇的职员闯进办公室，刺伤炒掉自己的上司；看上去唯唯诺诺的丈夫，杀害妻子之后自杀；品学兼优的留学生，持枪袭击同胞，震惊校园……他们的亲朋好友总会在事后感叹："他看起来是个性格很温和的人，真不敢相信他会做出这样的事来。"他们没有看到，那些积压在心里的愤怒，是如何在长期压抑中逐渐膨胀，最终变得不可收拾的。

所以，我们必须接受这个事实：在和孩子打交道的时候，我们有时会发脾气，这是正常的，不必为此内疚或不安。关键是——我们如何做到安全地表达自己的感觉，而不是攻击孩子的人品或者性格。

一、说出自己的感受

当愤怒出现时，我们可以真实地说出自己的感受，并鼓励孩子和我们合作。

记得女儿4岁多时，有一次碰到紧急事件，需要全家出门。我提醒了女儿3次，她依然没有行动，一会儿溜达到客厅沙发上坐会儿，一会儿摆弄一下玩具，完全把我的提醒当成耳旁风。我强烈地感觉到自己的怒气在胸腔里滋滋地生长，我很害怕它会燃烧到嘴边，所以决定不再掩饰它。

我像风一样冲到女儿面前，扶住她的双肩，直直地瞪着她，说："我很生气，我真的很生气，我已经提醒你三次让你换衣服，你都不动。我的耐心现在只有黄豆粒这么大了。"

女儿听完愣了一下，然后也像风一样冲进她的卧室，迅速地换好衣服，边换还边问我："妈妈，现在你的耐心有多大？"

“只有芝麻粒那么大。”我在门口答。

“现在呢？”女儿以前所未有的速度穿戴整齐地出现在我面前，我不得不为孩子的速度吃惊。

“现在已经恢复到西瓜那么大了。”

“哈哈……”孩子发出了愉快的笑声。

在这次事件中，我真实地表达了自己的愤怒，但并没有辱骂女儿。更没有翻旧账或者给孩子下判断性定语：“你真磨蹭”或“你真拖拉”。我只是诚实地描述了自己的心情，以及该怎么做才能避免不愉快。

其实在某些时刻，生气恰恰说明你在乎他，关心他。真正互相在乎的双方很难做到一直不生气。当然，在乎你的人也会关心你的愤怒，从而停止一些不良行为。所以，在对孩子的教育中，父母的愤怒也可以起到一定的积极作用。有时，仅仅说出我们的感受，就能够让孩子停止不良行为。但是，很多时候，还需要我们进一步解释我们生气的原因、内心真正的想法以及希望看到的言行。比如：

“这是我今天第3次听到你说脏话了，我非常生气，我希望你能明白，说脏话并不酷，它只是一种粗鲁的表现。”

“当我看到我刚刚打扫好的房间，又变得一团糟，我真的很生气！我真想把这些胡乱堆放在沙发、地板上的玩具、书、袜子统统扔到垃圾桶里。”

“这真让我恼火，我花费了两个小时做晚饭，希望获得的是赞赏和感激，而不是挑剔和抱怨。”

“你整整迟到了半个小时，我真的又生气又失望，我希望你能明白，我喜欢和守时、讲信用的人打交道。”

这个工具不仅可以帮助我们释放怒气，也教会孩子如何安全地表达自己的愤怒。当然，这个方法不仅适用于对待孩子，也适用于对待爱人以及其他所有人。因为，在这个世界上绝大多数人都反感别人对自己进行人品的攻击和辱骂。

二、默　数

我们要知道，在面对自己的不良情绪时，我们的态度和做法将会对孩子产生巨大的潜移默化的影响。所以，当我们意识到自己的不良情绪时，就要做出积极的应对，比如在心中默数等待怒气缓解。

我曾经是一个无知易怒的妈妈，下面这个事例是我的女儿两岁多的时候发生的。

那天晚上，陪孩子玩“谁不见了”的游戏，我用一块布蒙住了几件东西，然后偷偷拿走一件，让孩子观察“谁”不见了。玩游戏之前，我潦草地讲了一下游戏规则，就迫不及待地让孩子参与进来。结果……任我怎么启发，孩子就是文不对题，说的答案乱七八糟，有的是游戏里根本没有的东西，有的是依然待在原地的东西。几次之后，我感觉又沮丧又生气，一些话冲到嘴边，就等着我开口，它们最后喷射而出。如：

“你怎么这么笨！跟你说多少遍了，你怎么就不懂？”

“真不想跟你玩了，一点儿都不专心。”

“你看电视里的小朋友跟你一样大，都会玩。”

……

我甚至推搡了她一下，起身而去，没再陪她。

但万幸，我控制住了，我知道这些语言的伤害力！我告诉自己，我默数到300，如果还余怒未消，我就离开现场。

其实根本不用数到300，当我数到20，我的情绪就已经缓和。我不由自主地在心里面做起了反思。孩子不会玩这个游戏，肯定是我的问题。就像我经常所说的：“孩子有问题，应该先反省自己。”这样一想，真的就发生了大转变！

第一，这个游戏孩子第一次玩，肯定陌生。

第二，孩子才两岁两个月，这个游戏对她来说，有些难。

第三，我不应该一下子给她摆这么多东西，应该循序渐进。

第四，不应该在沙发上玩，因为沙发上有很多东西，容易扰乱视线。

第五，我没有采取孩子喜欢的方式去进行这个游戏，我只是把别人的游戏照搬过来，而没有进行加工。

第六，最关键的一点，我在教自己孩子东西时，期望太高又缺乏耐心，给孩子造成了巨大的心理压力，影响了孩子的发挥。

这样反思之后，我迅速做出了调整。把游戏的场地换到了整洁的桌面上，把游戏需要的东西削减成了三个孩子感兴趣的玩具，然后，我又即兴编了一个小故事。

“母亲节到了，小猪、小兔、小鸟相约一起去森林采花，他们要送给妈妈一大束美丽的鲜花，祝妈妈母亲节快乐！小兔蹦蹦跳跳地走在最前面，小猪哼哼唧唧地跟在后面，小鸟呢，一会儿飞到前面探路，一会儿调皮地落在小猪的脑袋上。他们三个正高兴地往前走，突然吹来一阵大风，呼……（我赶紧用一块布盖住了这三个玩具，然后悄悄拿走了一个，再揭开。）哎呀，不好了，被风吹走了一个小动物，童童，快帮忙看看，谁被吹走了？”

“小鸟。”童童迅速、响亮地一下子答对了。

我暗自窃喜，接着又玩了几次，甚至在我加到五个小动物的时候，孩子还是一眼能看出“谁不见了”。孩子前后的变化是多么巨大啊！而这完全取决于家长的方式方法。

所以，当愤怒来临时，我们不妨在心中默数等待怒气缓解，特别是那些容易急躁的家长，可以根据自己的情况设置一个比较合适的限定数字，你会发现，往往不用数到那个限定数字，那团即将爆发的怒火就已经熄灭了。

三、反着看

同样一件事情，为什么这个人遇见了就大发雷霆、灰心绝望；那个人碰到了就能够心平气和、冷静应对呢？

这其中唯一的区别就是心态不同。

想想看，我们为什么爱生孩子的气？不是因为孩子有多么不好，而是因为我们长了一双爱挑毛病的眼睛。孩子磨蹭，我们会生气；孩子脾气急躁，我们会生气；孩子不听话，我们会生气；孩子撒谎，我们会生气……可我们是否想过，这些“毛病”里面其实也有优点。

举个例子，假如你的孩子天生就是慢性子，那么他会找到适合自己生命发展的节奏，一些优秀的特质也将从这个节奏上发展而来，比如沉稳、专注、冷静、耐得住寂寞等。你觉得慢不如快好，担心“慢”会使孩子落后，无法适应这个快节奏的社会，不断地催促他、改变他甚至责骂他。你认为这样是在教育孩子，但实际上这只是在干扰和破坏孩子的自然成长，甚至会摧毁孩子的自信。

教育孩子，首先是接纳孩子本来的样子，信任、鼓励和欣赏孩子，尽量多地去了解他、理解他、倾听他的想法。教育一定要选择适合孩子的方法，而不能按照家长的标准去塑造孩子，尤其不能以成绩的好坏来评价孩子。每个孩子都有他自己的特点和优势。比如：

做事慢的孩子往往比较稳重、遇事不急躁；

急性子的孩子往往做事效率高、执行力好；

不听话的孩子更有主见、敢挑战、有创造力；

撒谎的孩子自尊心强、有羞耻心；

胆小的孩子做事谨慎、安全意识高，会很好地保护自己；

爱顶嘴的孩子反应快，他的思维跟得上你的思路，甚至超越你的思维；

内向、性格古怪的孩子有可能是天才，比尔·盖茨性格就比较内向，在中学时代很少跟同学一起玩，整天闷头玩电脑，结果成了世界首富。

“物随心转，境由心生。”当我们这样反过来看问题，我们的心情是不是平和一些、舒缓一些？我们对待孩子的错误是不是包容一些、淡定一些？我们只有心情平和时，再去看待孩子的问题，才可能客观、正确，再去帮助孩子解决问题，才可能做到尊重、合理。

反过来看问题，是一种人生智慧，我们不仅要这样做，还要教会孩子这样做。

看了下面这个故事，你有何感想？

还不算太糟

一位母亲打开女儿卧室的门，惊讶地看到女儿将床整理得干净整洁，走进去，发现枕头上有一只信封，信封上写着“妈妈启”，这位母亲心里“咯噔”一下，双手不由自主地颤抖起来，赶紧打开。

亲爱的妈妈：

写这封信的时候，我非常难过，也非常后悔，但是我不得不离开。我要和新交的男友凯凯私奔，我不想让你和爸爸看到这一场景，我从凯凯身上找到了真正的激情，他对我也非常好，当然我知道你看到凯凯也会喜欢他的。

妈妈，不仅仅是激情，我还怀了凯凯的孩子，凯凯说他要让孩子生下来，我们三个一定会很快乐，虽然凯凯比我大得多，不过，妈妈，42岁在当今社会还不算太老，他也没有钱，但这些都不应该阻碍我们关系的发展，你难道不这么认为吗？

凯凯收藏了许多CD，他还有一辆拖车，在林子里他准备了过冬的柴火，不错，他是有其他的女友，但我知道他一定会以自己的方式对我忠诚，他想和我生许多孩子，我就要为他生第一个孩子了。

凯凯告诉我大麻不会给人造成真正的伤害，他说他会种些大麻，然后卖一些给朋友，这样我们就能满足对可卡因的需求，感受销魂的滋味，同时，我们会祈祷科学家们找到治疗艾滋病的良药，这样凯凯就会康复，他太需要这种良药了！

妈妈，请不要担心，我现在已经15岁了，我知道如何照顾自己，有一天，我敢肯定，我会回来看你，你还会看到你的外孙。

永远爱你的女儿

兰兰

看完这封信，这位母亲几乎昏厥过去，她大口大口地喘着粗气，身体像上了发条一样剧烈抖动，一瞬间，她好像进入了虚幻状态，头脑一片空白，只感觉天已塌地已陷。就在她快要支撑不住的时候，孩子的父亲走了过来，扶住了她并用手指了指信纸，示意她接着看。

只见信的最下方还有几个字：见背面。

她抖抖索索地将信反过来，只见上面写着：

妈妈，以上一切纯属虚构，我现在在邻居家玩，只是想提醒你，这世上还有比我的成绩报告单更加糟糕的事呢，我的成绩报告单放在书桌的抽屉里。请在成绩单上签字，如果你感觉我能回家，就请叫我回家！

顿时，这位母亲长舒了一口气，喜极而泣，和丈夫拥在了一起。

不得不说，这是一位睿智的女孩，也许她的成绩不够出色，但

她懂得怎样让自己的处境不那么恐怖与尴尬。这样的情况在我们很多家庭当中都出现过，孩子考出好成绩，父母喜笑颜开，孩子考差了，父母对孩子没有好脸色甚至拳脚相加。父母过于功利，导致孩子恐惧甚至学会了撒谎。实际上，这时候，父母更应该心平气和地帮助孩子做好试卷分析，教孩子从错误中学习。只有这样孩子才不会害怕犯错误，只有一个不怕犯错误的孩子，才会愿意主动改正错误，才会越来越少地犯错。

四、预先告知

不可否认，有时候我们自己也会莫名地情绪低落、烦躁、悲观，特别是一些女性，在生理期的前几天，常常会忍不住发脾气，甚至发生打孩子的行为，事后回想，会发现自己的暴怒跟孩子没有一点关系，全是因为自己的坏情绪。这个时候，我们会内疚、自责。可是下次我们又会忍不住发脾气。我们可以采取“预先告知”的方法，请求家人帮助自己一起渡过这个难关。

琼是两个孩子的妈妈，她在大多数时候都能够保持理智，采用正确的方法对待孩子。可是每当生理期的那几天，她常常会失去理智，因为一点点小事就对孩子吼叫甚至进行严厉的体罚。她意识到了这一点以后，决定自救。于是，当生理期来临时，她做了一块很大的纸牌，挂在脖子上，纸牌上写着：请别惹我，我正心烦。她5岁的女儿不认识字，9岁的儿子就在旁边向妹妹解释：“妈妈这几

天心情不好，你有什么事情最好找爸爸，你在妈妈面前一定要乖乖的哦。”琼背过身去，偷偷地笑了，哥哥的解释相当到位。

随后的几天里，琼一直挂着这个牌子，等到危机过去，琼拿掉牌子，惊奇地发现，这一次，她居然没有发火！这对于她来说，简直是个奇迹。她很开心，这一次没有做伤害孩子的事情。

确实如此，有些女性患PMS（经期综合征）比较严重，就可以采用“预先告知”这个方法，这样，家人的包容、安慰、忍耐就可以帮助她平稳地度过这几天。当然，她也可以召集家人一起开一次家庭会议，请他们帮助寻找一些方法缓解PMS的症状。

五、去“平静区”

我问过很多家长，在你的家里，谁的“平静区”使用得最多。毫无悬念，一般都是家长。我们可以用心体会一下，一天当中，谁发脾气次数最多？是我们自己，我们最爱对孩子发怒。所以，建立一个自己的“平静区”尤其重要。

在和孩子发生冲突或者意识到自己的情绪不妙时，我们要赶紧停止下来，想办法撤出现场。在我们撤出之前，我们要向孩子解释，比如：“我现在情绪不好，我怕做出对你不好的事情，我需要冷静，现在我要去我的‘平静区’待一会儿，等我好起来，我会和你一起找到一个相互尊重的解决方法。”这种态度和做法可以给孩子树立一个非常好的处理负面情绪的榜样，特别是当我们带着怒气走进“平静区”，面带微笑走出来的那一刻。

当然，如果有条件，我们出门散散步、逛逛街或者邀友人小聚，也都是不错的选择。这其中，我们要注意的是，我们要让孩子知道，

我们的离开不是抛弃他们，我们只是为了安抚自己的情绪，让自己的情绪好起来，因为只有当大家都心平气和，我们才可能互相尊重、积极地解决问题。

第三章

如何处理孩子的愤怒

当孩子愤怒时，我们通常是怎样回应的？一个家长告诉我：当我看到孩子耷拉着脸，我就生气。这是我们很多家长的反应，我们看不得孩子有生气、失落、愤怒等负面情绪，甚至当我们批评指责孩子时，我们也不允许孩子有失落、伤心、生气的情绪。我们这样做，常常会导致什么结果呢？

（一）使孩子愤怒情绪加剧

当我们看到孩子愤怒、发脾气时，我们往往也忍不住生气甚至数落孩子。

“你怎么又耷拉着脸？像别人欠你三百元似的。”

“值得这么生气吗？芝麻大的一点小事。”

“闭嘴，再喊我就揍你了。”

“别哭了，我一会儿重新给你买一个，行不行？”

“哎呀，一听到你哭闹，我就头疼。”

……

这是很多家长的反应，冷漠、威胁、甚至贿赂，可是孩子呢？往往不仅没有停止愤怒，反而变本加厉；不仅没有高兴起来，反而越发伤心。这是为什么呢？其实道理很简单，将心比心，假如你在单位被领导当着众员工的面狠狠地批评了一顿，你正生气伤心，有几个同事过来对你说：

“嘿——多大点事啊，还值当在这儿哭鼻子。”

“要生气去外面，干吗在这儿弄得叮当响？”

“别生气了，一会儿就好了。”

“你自己不小心，怪谁呢？以后注意点。”

……

请问，你是什么反应？该不会对同事感激涕零吧？孩子也会有同样的反应，而且可能更强烈。因为家长对自己的孩子在语言上往往更刻薄、更不忌口、更不客气。

所以，当孩子愤怒时，如果我们以冷漠、威胁或者愤怒回应，只会使孩子的情绪发酵扩大。

（二）使孩子掩盖自己的情绪

当我们以生气回应孩子的生气，以发怒回应孩子的发怒，你会发现，一部分孩子学会了掩盖自己的情绪。

记得有一次，女儿童童生气地说：“我不喜欢爷爷，他老是管着我。”

我立马接口道：“你怎么能这样说爷爷呢？他管你是关心你。”

“我不想让他住在我家里，我想让他回自己的家。”童童大声嚷起来。

“童童——”我忍不住呵斥起来。

童童不再吭声，可是我还耿耿于怀，我忍不住又给她讲了一堆大道理。

我停止后，没想到童童说：“妈妈，我是跟你开玩笑的。”说完，挤出一丝假笑，我心里顿时一惊。

后来，我又观察了几次，我难过地发现，当我稍微对孩子的愤怒表示不满时，她都会很快压制住自己的情绪，然后假笑着说“妈妈，我是跟你开玩笑的”。我的女儿因为害怕看到家长生气，已经变成了一个压抑情绪的讨好者。这对她的身心将是多么大的伤害！

所幸，我及时认识到了自己的错误，并做出了积极改变，现在，我的孩子又和以前一样，是一个敢于正视自己感受的阳光女孩。我很欣慰。

那么，我是如何帮助孩子正确面对自己感受的呢？下面就让我们来分享处理孩子愤怒的四个工具。

一、说出孩子的感受

当孩子委屈、生气、愤怒或烦躁不安时，他们需要的不是讲道理或者劝说解释。他们需要的只是情感上的抚慰，比如真诚地说出孩子此刻的感受，他们的心情才会好转，并愿意进一步和你沟通。因为每个人的内心其实都渴望被人认同和理解。

下面的一个场景是在一所幼儿园里发生的。

两个小朋友在积木区玩，突然传来东西被推倒的声音，随后就是哭喊声和指责声。还没等老师走过去，强强就奔了过来，边哭边说："老师，小雨推倒了我的城堡。"老师马上用同情的口吻回应："哦——，那你一定很伤心。""嗯，那是我花了很长时间才搭好的。"沉默了一会儿，强强又说："我再去搭一个。"说着，强强转过身，往积木区走去。

这是这位老师在听完我们的教师培训课后，第一次试着没有参与孩子之间的争执，也是第一次试着说出孩子的感受。她说，没想到这么神奇，短短的一句话就可以迅速平息孩子之间的纷争。要是以前，她肯定会介入其中，试图找到是谁先惹起的事端，并充当检察官来评判谁是谁非。可结果往往出力不讨好。孩子之间互相推诿、指责，谁也不承认自己有错，最后的结果可能是两个孩子都受到惩罚，对“检察官”也生出怨恨情绪。

下面这两个事例是一位家长讲述给我的。

我曾经非常迷惑，为什么我的孩子那么爱哭、爱闹，为什么我越想制止，他越哭闹。后来，参加完家长培训班，我才明白，我是根源。相同或类似的事情，父母不同的态度导致孩子不一样的反应。

有一次，在和儿子从幼儿园回来的路上，他嚷着口渴要喝水，我让他忍耐一会儿，到家再喝；可是他不仅不体谅，反而尖叫着让我去给他买水。我解释说“没带钱包”，这下子，像捅了马蜂窝，他开始哭闹、蹦跳，我气急败坏，指着他警告道：“闭嘴，你再这样哭闹，我就不要你了。”谁知，他不仅没停止，反而哭闹得更欢。

类似的事件很快再次上演，我带着儿子去市场的时候，他哭着要买冰激凌，可当时正值寒冬，根本不适合吃这样冷的食品。我怎么做才能让这场冲突避免呢？我决定试试新方法。我蹲下来，望着他说："我猜你肯定很想念冰激凌的味道。""嗯，真的很好吃，甜甜的、香香的。""要是现在是夏天该多好，这样我们就可以吃到冰激凌了。"说着，我站起身，牵着他往前走去。没想到，他真的就跟我平静地离开了冰柜。这简直是一个巨大的惊喜！

为什么相同的一件事，妈妈前面的反应使孩子怒火更盛，后面的反应使孩子消除了怒气。因为妈妈前面用的方法是解释、威胁、责备和惩罚，后面是通过说出他的感受和幻想的方式实现孩子的愿望。

实际上，很多时候，孩子知道他的要求并不合理，只是他需要一些理解和安慰罢了！就像有些成人经常发出这样的感叹："我真想住在一所大房子里！""我真想天天休假！"这只是说说而已，不必当真，只需要表示一下理解即可。

二、拥　抱

大家有没有过这样的经历，当我们想要孩子停止某个不良行为时，他不仅没停止反而反应更加强烈。比如我们想要孩子停止哭闹，可他哭得更凶；我们想要孩子停止发脾气，可他咆哮得更厉害。这是为什么？美国教育家鲁道夫·德雷克斯说过："一个行为不当的孩子，是一个丧失信心的孩子。"当孩子们丧失信心时，他们就会说出一些不当的言语或产生一些不良行为。这也就是为什么我们想要孩子们停止不良行为的原因，他们非但不停止，反而更加剧。因为我们关注的只是表面行为，而没有处理孩子行为背后的真正原因——丧失了信心。通常情况下，我们只需要把孩子的信心重新点燃，孩子就会中止不良行为，而发展信心最好的方法无疑就是鼓励了。请大家谨记：孩子感觉好才会变得更好。所以，在孩子哭闹、发脾气、生气愤怒时，不妨给他（她）一个拥抱，你会有意想不到的收获。

一位妈妈从家长培训班了解到这个理念后，带着疑惑回到家，她决定试一试。

晚上，我带孩子去游乐场玩，时间到了后，我提醒孩子该回家了。孩子说，再玩5分钟，我答应了。5分钟后，我问孩子："5分钟时间到了，我们该做什么了？"她很机灵，不按招出牌，反而跑到一边，大喊着："我不回家"。在反复劝说无效后，我忍不住气呼呼地吼道："好，你不回家我自己回去了。""啊——"乐乐的哭声一下子蔓延开来。

我站在那里，快速思考着走还是留？安慰还是不理睬？最后，理性占了上风，我想到了"说出孩子的感受"这个工具，于是我走到她身边，蹲下来，同情地说："在游乐场玩得很开心，突然要回家，确实让人失落啊！"她听后哭得更凶了。我知道，这次的哭和刚才的哭有不同，刚才的哭多半是抵抗、气愤、委屈，现在的哭多了一些被人理解的欣慰。

等了一会儿，我决定试试新方法，于是，我张开怀抱，对孩子大声说："我需要一个拥抱！"乐乐还没有从阻抗的情绪中走出来，她拒绝了我。我有些沮丧，就走到旁边的长椅上坐了下来，愚蠢地想，看来这个方法不管用。正胡思乱想时，乐乐走了过来，她伸出一个小手指头，抽泣着低声说："你拥抱手指头吧。"我暗喜不已，像模像样地握了一下她的手指头。随后，我又张开了怀抱，再次喊道："我真的需要一个拥抱！"乐乐扭捏了一会儿，一下子就扑到我的怀里，紧紧地搂着我说：“其实我也需要一个拥抱。”停了一会儿，她接着说：“还需要一个亲吻。”我惊喜地一一照做了。然后，我们愉快地手牵手回家了！

通过上面这个事例，我们可以看出，有时仅仅一个拥抱就足以中断孩子的不良行为，所以，也无须我们再做什么。但有些时候，需要我们进一步利用教子工具来帮助孩子，比如：给出有限制的选择、约定规则、问启发性问题或一起解决问题等。因为拥抱已让孩子感觉好起来，所以，在这种鼓励氛围下，孩子会比较配合。

当然，拥抱也需要把握时机，有时孩子太过气愤而无法接受或者给予拥抱，你可以等待一会儿，然后再次重复请求“我需要一个拥抱”。如果孩子再次说“不”，就说“噢，我真的需要一个拥抱！等你感觉好些来找我，我在这里随时等着你”。你肯定会惊奇于接下来发生的事。

事实就是这样，很多时候，一个拥抱就可以让孩子停止哭闹，一个拥抱就可以让孩子内心发出自控力，因为他感受到了爱，感受到了温暖，感受到了安全。只有他感觉好起来，他才有可能做得更好！

三、设置“平静区”

父母和孩子之间发生“战争”最多的地方是哪里？家里。父母和孩子生气最多的场所是哪里？还是家里。家是一个最让人放松也最容易让人无所顾忌的地方，所以当双方或者一方愤怒的时候，在家里，那个愤怒者往往会口无遮拦，向对方发出语言的攻击。而那些辱骂性的字眼，就像一根根毒箭扎进对方的心，虽然事后可能会被拔出（那个愤怒者向对方道歉），但伤口永远存在，伤疤也可能需要好多年甚至终生去愈合。其实，任何危险只要我们想到，就可以做好预防。建议大家心情平和的时候，和孩子一起设置各自的“平静区”，并告诉孩子“平静区”的作用和意义。

所谓“平静区”，是指成人或者孩子有负面情绪时，选择的一个让自己冷静下来或者感觉好起来的地方。

我们可以向孩子解释：“情绪无对错之分，有什么情绪都没有关系，生气、烦躁、伤心，这些都是正常的情绪。关键是有了这些情绪

后我们不能想做什么就做什么。我们需要花点时间冷静下来，让自己感觉好起来，因为只有感觉好，才能做得更好。咱们来找个特殊的地方吧，它可以抚慰你的情绪，帮助你冷静下来，使你感觉更好。”当孩子理解了，我们就可以帮助孩子建立一个属于自己的“平静区”。我们可以按照下面的步骤来引导孩子。

1. 请孩子们自己选择“平静区”的位置，并为它装饰。如果孩子需要父母的协助，父母可以协助，如果不需要，父母就不要干涉。在这个过程中，给孩子完全的自由，孩子参与越多越好。

2. 建好后，父母可以和孩子一起探讨，在“平静区”时，做些什么事情可以让自己的心情好起来，比如：听音乐、画画、玩玩具、睡觉、击打沙袋等。让孩子为使用“平静区”准备得更加充分。

3. 为了增加趣味性和独特性，也可以让孩子们为自己的“平静区”重新起一个名字。比如我的女儿就给她的“平静区”起了个“公主小屋”的名字，因为她酷爱听公主的故事，酷爱玩有关公主的过家家游戏。所以，这个名字首先给她一种亲切感。她在情绪不佳的时候，特别爱在“公主小屋”里为“公主”涂色或者玩芭比娃娃。

4. 指导孩子使用“平静区”。除了给孩子做出使用“平静区”的榜样，有时，还需要我们向孩子提示使用“平静区”。比如当孩子伤心、沮丧或者生气时，用和善的口气问：“记得你的‘公主小屋’吗？那里会让你放松、舒服，没有人会打扰你。你要不要去‘公主小屋’待一会儿？”或者 “你觉得现在怎样做才能对你有帮助？去你的

‘公主小屋’，会不会感觉好些？”

孩子可能会说：“不。”

我们可以继续尝试“你需要妈妈 / 爸爸陪你一起去‘公主小屋’吗？”

孩子如果继续说“不”，我们可以说：“好吧，我需要到我的‘平静沙发’去。”因为这个时候，你在告诉孩子这是一个积极的做法。

5. 情绪平静之后，如果问题仍然存在，就要解决问题。

请大家想一想，在和孩子相处的过程中，我们通常为什么生气？是因为孩子的不良行为，还是因为自身权利受到侵犯，抑或因为孩子没有达到自己的期望？不管什么原因，有一点我们必须确认，在我们愤怒的时候，我们是无法认清真正的原因的，更不用说帮助孩子或者自己解决问题了。所以，请大家一定要记住，先处理情绪，后解决问题。在自己情绪不佳时，立即暂停，去自己的“冷静区”等待情绪平复。

在冷静下来后，如果问题仍然存在，就要和孩子一起着手解决问题。因为如果不是这样，“平静区”的意义将大大削减，它将会变成逃避问题的一个选择，这和我们的初衷将背道而驰。

四、制作释放愤怒选择单

愤怒是一种强烈的情绪，当它发生时，它会使人们失去理智，无法思考怎样做才是释放怒气的最好方法。所以，这就需要我们提前准备一些释放愤怒的积极方法来应对不可设防的愤怒。

1. 在父母和孩子都平静的时候，共同探讨有什么方法可以帮助自己释放愤怒。

父母可以告诉孩子，愤怒是一种极其强烈的情绪，如果积存在体内不及时释放，时间久了，不仅会使人注意力不集中，甚至会罹患一些疾病；但如果释放得不得当，又会给自己或者别人带来麻烦甚至伤害。所以，不管为何事、因何人而愤怒，都需要我们采取一定的积极方式将愤怒、不满的情绪从心中释放出去。

“现在让我们一起开动大脑，想一想，在我们生气的时候，可以用什么方法让自己平静下来？”

畅所欲言的过程中，家长可以准备一张纸，不管谁提出何种方法，家长都要记录下来。有一点，我必须重申，在发言的时候，无论孩子提出的方法有多么幼稚或者荒谬，我们都不要批评、评论，我们只需忠实地记下他所说的方法即可，至于讨论哪种方法可行，哪种方法不可行，是下一步要做的事情。这样做既凸显了对每个人的尊重，也鼓励了大家发散思维积极思考。

2. 筛选释放愤怒的有效方法，列出清单。

根据尊重、合理、有帮助的原则筛选出释放愤怒的有效方法，列出清单。这个原则也是告诉孩子：所有的情绪都是被接纳的，但某些行为必须受到限制。

另外，为了增加趣味性，可以把每个方法单独写下来，投放到一个瓶子里，以待备用。

3. 方便时，向孩子展示释放愤怒选择单并解释如何使用。

人在生气时，往往会想不起来很多事，比如使用释放愤怒选择单。所以，在平静的时候，向孩子展示释放愤怒选择单，并告诉孩子，愤怒时，你可以从这个单子里选择一个方法帮助自己平静，你也可以像抽签一样从这个瓶子里随意抓一个方法。

4. 自己或孩子生气时，使用释放愤怒选择单。

当孩子烦躁或者生气时，父母可以先认同他的感受，然后建议他从释放愤怒选择单中选出一个方法来使自己平静下来。当然，父母也可以建议孩子选择去“平静区”。记住，我们只是尊重地提建议，选择权和决定权在孩子手中。

我在苏州讲课的时候，一个妈妈找我咨询。她的孩子上高中二年级，学习非常好，全年级前三名，是一个大家公认的优秀的孩子。这个妈妈对我说：“我很害怕他！”我问她为什么，她说“我的孩子在外面很正常，在家里有个坏习惯，一生气就摔东西，上个月把我刚刚花了一千多块给他买的MP4摔碎了。昨天正吃着饭，不知什么事情又惹他生气了，居然把我最心爱的花瓶摔碎了。我数落了他三个小时，但是他就那样狠狠盯着我，面目狰狞，无一点悔改之意，我真害怕。他在外面和学校里都是公认的好孩子！在家里怎么会是这个样子？”

我问这个妈妈：“你不希望看到他发脾气？”

“对呀，谁喜欢一个爱发脾气的人，他一发脾气我就着急、生气，就忍不住训他。可结果呢，越训他脾气越差。”

我笑了，这是我意料中的事，我调侃地问她：“你是想要一个身心健康的孩子还是患有心理疾病的孩子？”

她一耸身子，激动地说：“当然是健康的孩子。”

“那就得允许他发脾气。”看到她疑惑的神情，我接着说：“你知道原微软、谷歌的全球副总裁李开复吧，他在前不久宣布自己患上淋巴癌，他在解释病因的时候，说了这样几句话，他说‘我对同事、对家人一直都是温和理性的状态，遇到压力、焦虑的时候，也会自己扛，默默消化掉，医生说时间长了，身体负荷不了，自己患上癌症，肯定与此有关’。他在微博上呼吁网友不要压抑情绪。”然后我又给她讲了一堆负面情绪积压在体内的危害。

结合她儿子的实际情况，我告诉她：“学习好的孩子压力才大，他每天都要努力保持自己的优秀，回头一看，都是拼命追赶他的人，他压力能不大吗？现在高二了，学习任务更重，学习时间更紧张，再加上他对自己要求又很高很严格，压力和焦虑自然比普通同学大很多，但是他有压力和情绪的时候敢向老师发泄吗？敢向同学发泄吗？在老师和同学眼里他是完美的，这又给孩子造成了更大的压力。可是回到家，父母又总是压抑他、否定他，试问，他怎么办？不发泄出来才可怕！”

听完我的话，这位妈妈恍然大悟，连声说：“那以后就让他发，想怎么发脾气就怎么发脾气。”

“你又错了！”

“啊——那该怎么办？”这位妈妈彻底糊涂了。

我决定直接告诉她原则：**“我们可以接纳孩子的所有情绪，但某些行为必须受到限制。比如：摔东西、动手打人等。”**

“对对对。”这位妈妈终于露出了释然的微笑。

就这样，通过抽丝剥茧式的讲述，这位妈妈终于明白了这个道理，后来，在我的指导下，她回家和儿子进行了一次深入的谈话。

“孩子，妈妈以前不理解你，我想了一下，自己做得确实不对，你学习压力那么大，肯定很焦虑。可是妈妈不仅不理解还训斥你，妈妈真的对不起你！可是妈妈希望你明白一点，在爸爸妈妈心里，你的健康才是第一。无论你学习好与坏，爸爸妈妈对你的爱不变。无论你在外面受了多大委屈，遇到多大的难处，做了多大的错事，你都要记住，家门永远是向你敞开的，爸爸妈妈永远是不会嫌弃你的。你有压力一定要发泄，但是妈妈不能接受你摔东西发泄的方式，这样会给我们的家庭、给爸爸妈妈都带来伤害！”

孩子听完妈妈的话，泪水止不住地流，一米八的小伙子一下子扑到妈妈怀里，哭着说：“妈妈，这一幕是我连想都不敢想的啊！从小到大，您只会逼着我学习，从来没问过我的感受、我的心情。有一次，我没考好，我一挨近您，您就把我推开，眼神中充满了厌恶，仿佛我就是一堆臭狗屎。多少次，我想哭，可是不敢，怕您说男子汉没出息，您知道我活得有多累、多压抑、多痛苦吗？”

说完，母子俩抱头痛哭！

家长朋友们啊！不接纳孩子的感受，哪能知道，孩子内心是多么恐惧啊！这就是我们很多中国式父母的剪影，我们赋予了孩子很高的期望，导致孩子压力、焦虑剧增；导致孩子自信心一次次受挫，最后可能会自暴自弃。

平静下来后，妈妈找来纸和笔，说：“我们能不能一起找出解压办法？你写我补充，看看哪些建议可行？”他们一共写了十一个：

爸爸给我挂出个沙袋；

用枕头砸自己的脑袋；

摔门；

使劲在地板上跳；

不停地开灯关灯；

撕纸；

出去跑步；

在屋子里大声吼叫；

唱卡拉OK；

玩投掷；

找好友谈心。

有意思的是，等念完以后，他知道有的肯定不允许做，自己就把那几个不合适的建议画掉了。

最后，他们一起做出了一份有效清单：

拳击沙袋；

出去跑步；

唱卡拉OK；

玩投掷；

屋子里大声吼叫；

找好友谈心。

这位妈妈讲，从此以后，她的儿子再也没有摔过东西，而且，令人惊奇的是，他发脾气的次数居然也越来越少了！

实际上，这是相辅相成的，当我们以尊重、理解的态度对待孩子的情绪，孩子的负面情绪就会减少很多。实际上，需要疏导负面情绪的往往是我们成人，所以，这些工具不仅适用于孩子，更适用于我们家长，但愿我们都能正确处理自己的愤怒，给孩子营造一个幸福安宁的家。

第四章

如何鼓励孩子与我们合作

教育子女实在是一项浩大的工程，我们不仅要养育他，更要教育他——使他的言行符合社会规范。可在教育过程中，伴随我们的常常是一种无能和无力感。我们希望孩子讲究卫生、懂礼貌、自律、有责任感，可孩子们好像根本不在乎这些。所以，我们家里时常出现这些声音："关上电视……洗手去……小点声……把书包放好……作业写完了吗……不准吃零食……别乱扔垃圾……不准在墙上画……关掉电脑……该刷牙了……去上床睡觉……"

说实话，我们很累，因为我们眼睛一直盯着孩子，教导着孩子，可很多时候，他们不仅不买账，反而一意孤行甚至变本加厉。他们不友好、不合作的态度很容易激怒我们。于是，我们可能会生气、会发火、会唠叨、会威胁、会说教、会比较、会警告甚至会打骂。可结果呢？同样的情形可能第二天还会上演。

我们感到疲倦、失望、伤心、生气；可孩子呢，也不好过，他们的自尊被一遍遍践踏，信心和能力在一点点地溜走。这是我们都不愿看到的。

那么，有没有一些更好的方法，可以促使孩子们和我们合作，又不至于伤害他们的自尊心，也不会让他们产生逆反心理？有没有一些方法，可以让我们易学、易操作？

其实，只要我们拥有了正确的育儿理念，并掌握了可操作的正确方法，我们家长真的可以越做越轻松。下面，就让我们一起来分享非常有帮助的鼓励孩子和我们合作的12个工具。

一、立足于解决问题

解决问题的条件：先处理情绪，后解决问题。

解决问题的四原则：尊重的、善意的、有帮助的、可操作的。

我们回想一下，当孩子出现问题或者他们犯了错误之后，我们的做法是怎样的？是批评还是帮助？是惩罚还是引领他们寻找解决问题的方法？在我接触的家长当中，我发现前者占绝大部分。也就是说，当孩子出现问题时，大部分家长是焦急、批评、指责甚至惩罚，而很少提供帮助。

举个例子，比如有个妈妈曾经找到我，说她的女儿上小学一年级，写作业经常写到很晚，不管布置的作业多或少，都要磨蹭到晚上十一二点。她妈妈为此训斥过她，威胁过她，动手打过她，但都不管用。所以，她向我求助。相信大部分家长都有同感，作业问题已经成为中国家庭的一大核心问题，为什么呢？因为作业几乎每天都有，作业联系着家长和学校，作业是家长了解孩子在校学习情况的一个主要途径，也是家长和老师沟通的一个主要桥梁。但可悲的是，大部分家长都认为自己的孩子写作业磨蹭，从小学说到高中，都无济于事，为什么呢？因为没有帮孩子找到原因，没有帮孩子找到解决问题的方法。

通过交流得知，其实例子中的小女孩每天晚上 6 点就能写完作业。那她为什么一定要磨蹭到11点呢？她告诉我，因为她写完了作业还要弹钢琴，“我写到11点，妈妈一看时间太晚了，就不让我弹钢琴了”。这是她告诉我的原话，为了不弹钢琴，每天慢慢磨，她 1 个小时能干完的事，要磨到 5 个小时，装模作样，请问她痛苦吗？她也痛苦。但她为了逃避更令她痛苦的事，她宁愿这样。这和作业有关吗？实际无关。绝大部分作业问题都和作业无关。所以，我们家长不能光盯表面现象，而忽略了问题的本质。我们只有帮孩子找到问题的真正原因，再就原因和孩子进行分析和探讨，从而找到解决问题的方法才有可能真正帮助到孩子。所以，正面教导的一个主要原则就是立足于解决问题而非责难、批评与惩罚。

立足于解决问题所营造的氛围和立足于惩罚所营造的氛围，两者有明显的不同。前者会促使孩子正确面对自己的问题，并愿意做出积极改变，在这个氛围当中，家长和孩子的目标是一致的，就是：如

何解决问题。后者会削弱孩子对问题的认识，孩子可能会被迫做出改变，但内心是不情愿的，甚至是充满敌意的，在这个氛围当中，家长和孩子的目标是完全不同的，家长的目的是让孩子听话，是想控制孩子；孩子的目的是想逃避惩罚，脱离家长的控制。

试想，一个人愿意积极做出改变和被迫做出改变，哪个更容易？更何况，很多时候，惩罚连能让孩子被迫做出改变都做不到。

立足于解决问题无形当中就培养了孩子正确面对问题的态度，当问题发生时，不是抱怨，不是指责，更不是逃避，而是平静面对、冷静分析，找出原因以及解决问题的方法。当我们肯花时间训练孩子，愿意给他们充足的时间去探讨解决问题的方法并施展自己解决问题的技能时，孩子就能提高做事的效率，他们就能成为解决问题的能手。

立足于解决问题有四个原则做基础：一是尊重，二是善意，三是有帮助，四是可操作。

下面用一个具体实例来说明这四个原则。

在一次家长培训讲座上，我让家长们做头脑风暴，就孩子因为犯困早上赖床总让父母提醒、催促多次起床讨论逻辑后果，下面是家长们列出来的后果清单。

1. 让他们饿着，不给他们做早饭。

2. 因为赖床迟到，晚上就不能看电视或者玩游戏。

3. 告诉老师，让老师在全体同学面前批评他。

4. 向他们大吼大叫。

6. 狠狠地揍一顿。

7. 取消周末出游。

8. 让他们自己走着去学校。

然后，我要求大家忘掉逻辑后果，立足于解决问题、帮助孩子能够准时起床再做一次头脑风暴，下面是他们列出来的解决问题的方案清单。

（在此，提示一点，假如我们已经知道孩子是因为睡眠不够才不愿起床，因为不同的原因，解决方法也不一样。）

1. 调整就寝时间。

2. 给孩子买一个闹钟。

3. 无言地提醒（比如时间紧张时，家长做一个拍手的动作来提醒孩子，这样就避免了语言的提醒和催促而导致孩子的逆反和氛围的不愉快。）

4. 设置一个定点提醒，还剩十分钟时告诉孩子，“还有十分钟我们就出发，我在楼下等你”，把守时的任务交给孩子。

5. 进行角色扮演，家长来扮演孩子，孩子扮演家长，由孩子催促家长起床一周，体验一下什么感受。

6. 由孩子选择一个好朋友，提醒他该起床了。

7. 让他们承担自然后果。（比如迟到了，老师批评，自己赶不上校车要走着去学校等）家长做好共情。

大家看，两个清单之间有什么区别？前一个给你什么感受？是不是读起来有种怨气在心里翻腾？实际上这就是惩罚，在我们实施时，不光我们生气，孩子也愤怒。可效果呢，相信大家都有目共睹，微乎其微。因为它关注的是过去，是让孩子为自己的错误付出怎样的代价，它本身就充满着对孩子的不信任，它所暗示的含义是：如果你再犯什么样的错误，你将受到怎样的惩罚；它探讨的是如何惩罚孩子而并非帮助。试想，在这样的目标前提下，孩子会配合做头脑风暴吗？会心甘情愿地接受这些惩罚吗？后一个清单，我们读起来什么感受？就像一个家长所说：“它是充满善意的，给人的感觉是真正地在帮助自己。”它会促使当事人愿意配合并努力做出改变。因为每个人的内心其实都渴望变得更好。它的关注点是将来，是把错误当作学习的机会。换句话说，前者是用来伤人的，后者是用来帮人的。

当然，如果是在现实生活中，这个清单应该由家长和孩子共同完成，在互相尊重、善意、有帮助、可操作的前提下，双方坐在一起来探讨这个问题，列出一个有效的清单，然后由孩子自己来选择将采取哪个方案帮助自己。这样做，会极大地增进孩子的受尊重感和价值感。因为这个方案是其自己参与、自己选择、自己决定的，所以孩子一般能够积极地去约束自己，从而增加孩子的责任感。你会发现，只要我们真正愿意给孩子机会，孩子所表现出来的解决问题的态度和技能往往令大人望尘莫及。

我女儿四岁多的时候，跟着奶奶去商场，不小心走散了，奶奶急得像热锅上的蚂蚁，东奔西走，大呼小叫，折腾了半小时也没找到，恰巧我和先生的电话又打不通，奶奶吓得掉眼泪，在商场外转了一圈没找到，又折返回商场，问站在电梯口的工作人员，是否见到一个穿着红色连衣裙的扎着两个小辫的小姑娘，那人问她“孩子是不是叫童童”，奶奶赶紧点头。那人说，“你听广播，广播里正广播这个小孩呢。”奶奶仔细一听，可不是吗？广播里正说“有一个四岁的、名叫童童的小姑娘，找不到奶奶了，请奶奶听到广播后，速来服务台，您的孙女正在这里等你”。奶奶赶紧走到服务台，看见童童正在那里画画，顿时长舒了一口气，然后，又不由得狠狠地训斥了她一顿。

当天晚上，我听说这件事后，也非常后怕。问清了事情始末，原来，在商场的时候，童童在前面跑，奶奶跟在后面，到了电梯口，奶奶以为童童已经下去了，她也赶紧上了电梯，实际上，童童站在电梯口等着她，根本没下去。在找不到奶奶后，童童就问那里的售货员，服务台怎么走。到了服务台，她就告诉工作人员一些她的信息，并让别人开始广播，其间还告诉了别人我的手机号，但遗憾的是，那天我的手机恰好关机。

这是孩子4岁多时发生的一件事，别人都很吃惊一个4岁多的孩子能那么好地解决这个问题，我想，这与我平时跟她灌输的观念有关：

事情发生了，尽可能地平静面对，积极想办法解决。后来，我们就此开了一个家庭会议，在会议上，和孩子一起探讨“外出时，如何防止走失”的议题。

下面是我们头脑风暴列出的清单：

小孩牵着大人的手。

小孩手抓着购物车。

穿鲜艳衣帽或亲子装，便于辨认。

在大人和小孩的手腕上拴一条绳子。

说好一个地方，找不到时，去那里等。

事先将一张写着孩子姓名、家长姓名、住址和联系电话的小卡片放在孩子的口袋里。

教小孩子牢记家人电话、地址等信息。

教小孩子学会拨打110等紧急求救电话。

携带手机或防走失电子产品。

不要让小孩子离开自己的视线。

……

列出清单后，孩子按照尊重的、善意的、有帮助的、可操作的原则选择了几个喜欢的建议。这就是教给孩子有价值的生活技能，并且为孩子提供机会发展这种技能。

所以，当孩子弄洒了饭汤，我们需要做的仅仅是问他一个问题：“应该怎么解决这一问题呢？”长时间接触这一方法的孩子，甚至不用问，自己就跑去拿纸巾或者抹布。

当你的孩子踢足球碰破了玻璃，你需要做的不是责备，而是和孩子一起讨论解决问题的方法，并让孩子决定使用哪个解决问题的办法（比如用孩子的零花钱来重新购买一块新玻璃）。

当你的孩子上学时总是忘记带学习用品(课本或者笔、作业本等)，你俩决定解决问题的方法就是前天晚上要把学习用品统统收拾好放到书包里，这样就坚持了“尊重的、善意的、有帮助的、可操作的”原则。

当你的孩子晚上外出，超过了规定的回家时间，在你们都冷静下来后，你们一起进行头脑风暴，探讨解决问题的方案，然后由孩子按照解决问题的四原则（尊重的、善意的、有帮助的、可操作的）选择一个解决方案。这就是培养孩子为自己负责和解决问题的能力。

当然，所有这些都必须在双方情绪平和的基础上，唯有如此，大脑才能够进行理性思考，进而想出尊重的、合理的、有帮助的方法来。所以，当任意一方有情绪时，我们都要经过一段时期的“冷静期”，积极暂停或者等待平复，我们要谨记一个解决问题的前提，那就是“先处理情绪，后解决问题”。

大家可能已经注意到，在前面的实例当中，每一次都出现一个词“头脑风暴”，那么什么叫作头脑风暴呢？头脑风暴就是当一群人围绕一个特定的兴趣领域产生新观点的时候，这种情境就叫作头脑风暴。

对于它的原则，我们一定要注意：

1. 禁止批评和评论，也不要自谦。这点父母尤其要注意，因为父母最擅长的就是孩子发言时，任意地插嘴、批评或者评论。

2. 追求数量。头脑风暴的目标是获得尽可能多的设想，追求数量是它的首要任务。

3. 参会人员一律平等，各种设想要全部记录下来。各种设想，不论大小，不管你认为是多么幼稚、可笑、异想天开，记录人员也要认真地将其完整地记录下来。

4. 主张独立思考，不允许私下交谈，以免干扰别人的思维。

5. 提倡自由发言，畅所欲言，任意思考。

6. 讨论解决方案。尊重专注于解决问题的一个条件和四个原则。

头脑风暴是一个非常重要的工具，它贯穿于我们养育孩子的整个过程当中。所以，父母在和孩子一起解决问题时，一定要完全理解并遵守这六大原则，这是成功解决问题的首要保障。

二、把问题集中在如何帮助孩子上

相信大家都参加过学校组织的家长会，对此，你有什么感受呢？很多家长告诉我，我这辈子最怵的事就是参加家长会，在家长会上，自己就像个小学生一样提心吊胆，等待着老师对孩子的宣判。其实何止家长怕参加家长会，孩子也最惧怕父母参加家长会，因为对大部分孩子而言，这意味着接下来的时光要在暴风雨中度过，父母会把在老师那里受到的“屈辱”翻倍地还给孩子。而孩子呢，由此可能厌恶甚至憎恨老师。所以，不难理解，为什么每年都会有学生杀害老师的残忍个例。且不说孩子的心理健康状况如何，这其中有没有老师和家长的一部分责任呢？

实际上，家长会的功能应该是老师和家长互通孩子在校及在家的情况，一起探讨如何帮助孩子做得更好，这才是主要目标。可现实生活中，家长会带给孩子的帮助很少，更多的是指责、批评、抱怨甚至打骂。结果呢，没有一个孩子因此在心里感激老师和家长，然后奋发图强，好好学习。他们想得更多的是如何应对、如何辩解、如何逃避。

有位参加过我们培训的男家长，给我们分享了他参加家长会的经历。

家长会后，他和班主任进行了单独交流。

父亲：老师，张开这段时间表现怎样？

老师：哎呀，别提了，天天迟到，作业也不做，上课老爱睡觉，你说你们这些当家长的，怎么……

父亲：（记录）哦，您的意思是说张开需要改进，要按时到校，要做家庭作业，上课要保持精神集中。

老师：嗯，对。

父亲：好的，我会督促他。

这位家长回到家后，看到十一岁的儿子正坐在书桌旁，佯装在读书，从他惊慌的眼神和频繁的小动作中，可以看出他非常害怕，像在等待宣判。所幸，他的父亲参加过家长学习小组，他决定试着改变。

这位父亲决定不再折磨孩子，他对儿子说：“你一定想知道老师都跟我说你什么了吧？我把她说的话都记下来了，如果你想知道你可以自己看。”儿子小声嘟囔道：“还不是老生常谈，说我一堆的坏话。”说着，他伸出手拿起了本子，当他看到父亲记的笔记时，他惊讶了。他没想到这次父亲的笔记本上没有一句否定性的评价。父亲已经把所有老师对他儿子的否定性评价转化成了肯定性描述。它帮助他们把精力集中在如何改进上，而不是过去的缺点上。

也就是说家长会后，我们应该把问题集中在如何帮助孩子上，我们的关注点应该是将来，而不是过去。

我建议，每一个家长在开家长会时，都可以用下面这样有建设性的语句作记录。例如：

“李颖需要改进，要保持课堂笔记的整洁。”

“王梓童需要改进，在表达愤怒时不要使用拳头，要用平和的方式解决争执。”

“许晓需要改进，上课时要保持安静。”

“强军军需要改进，要相信自己，要学会独立完成家庭作业。”

“汪瑞需要改进，要敢于大胆地发表自己的见解，大胆举手发言。”

这样正面的描述会使孩子不再惧怕开家长会，不再把家长和老师当成自己的对立面。在后续的具体的解决问题环节，也会乐于和家长一起进行头脑风暴，来寻找解决问题的方法。这样的做法才是在真正帮助孩子。所以，当问题发生时，我们家长一定要把问题集中在帮助孩子上，这才是我们的目的。

三、有效跟踪

也许很多父母认为“立足于解决问题”过于理想化，他们的潜在问题是“如果孩子不遵守约定，怎么办？而且他们大多数都不会遵守约定”。这样的问题本身就暴露了家长对孩子的不信任，同时也是对自己能力的怀疑。实际上，很多时候，并不是孩子不能坚持到底，而是家长自己。

如果我们真的能够一直做到立足于解决问题的四原则，孩子的大部分问题都能够迎刃而解。当然，在履行约定的过程当中，肯定也会出现孩子不愿遵守约定的情况，尤其对于十几岁的孩子和娇纵宠溺惯了的孩子而言。这个时候，有效跟踪尤其重要。有效跟踪是建立在尊重和善意的基础上，迫使孩子在抵触时也能合作的一种方法。它是教导孩子们成为一个有担当、有责任的人。无论你是想让孩子收拾好自己的房间，还是希望他们离开电子游戏、拿起书本学习，有效跟踪都很管用。

在这个方法实施过程中，有几点需要注意：

（一）你是否能够坚持到底

当你没有坚持到底时，孩子就会知道你说的话不必当真，你只是说说而已，同时，他们也会以你为榜样，不去遵守约定。因为他们知道他们不按照约定去做，你也不会通过有效跟踪让他们承担责任。这个经验连三四岁的孩子都能很快掌握。

记得女儿3岁多时，从幼儿园回来，她告诉我，她们班的老师爱吓唬人，我问："怎么吓唬的？"她说："每当有小朋友调皮时，老师就说，'再调皮就把你送到小二班'（女儿在小一班）。"

我又问："你怎么知道老师是吓唬你们呢？"

女儿立即接口道："因为她从来没送过啊。"

停了一会儿，她居然又说："我觉得我们班的老师比小一班的老师好。"

我又吃一惊，问："为什么呢？"

她理所当然似地回答："因为小一班的老师真的把他们班调皮的小孩带到我们班，吓唬了几句，又带回去了，而我们班的老师只是嘴上吓唬吓唬而已。"

瞧，这就是一个3岁多的孩子从这件事中所获得的判断和经验，不可小觑吧，要永远记住，孩子察言观色的能力甚至比我们大人都要

强，更别说对于十几岁的孩子而言了。如果你自己不遵守约定，十几岁的孩子不仅很快学会不必履行约定，还会反过来把你驳得哑口无言。所以，家长一旦和孩子约定好某件事，就要按照约定执行到底。

（二）你是否做到了对孩子和你自己都尊重

有很多家长嘴上说着“咱们今天就是以平等的身份交流”，但实际上却还是一副居高临下、盛气凌人的模样，这样的“装模作样”骗不了孩子，一旦孩子看穿了你的意图（还是想操纵孩子），他就会有抵触和戒备心，这样的情况下，再去做有效跟踪就困难很多。

所以，要想真正做到有效跟踪，家长就必须放下身段，像对待同事那样保持对孩子和自己的尊重。

（三）你是否做到了理解你和孩子的差异性

造成父母和孩子之间隔阂的往往是身份的差别，父母不能理解一个男孩为什么要留长发，一个十几岁的女孩为什么要穿破了洞的牛仔裤，姐姐为什么那么仇视刚出生的弟弟。其实这就是差异性。我们不仅要了解这个年龄段孩子的心理特点，更要承认这种差异性是合理的。我们要相信孩子的思考方式和我们是一样的，他们优先考虑的事情也是对自己最有益的。只有我们能这样想，在做有效跟踪时，才能够保持情绪的平和，带着善意和尊重的态度去提醒孩子。

（四）你是否做到了只对事不对人

这点很多父母都难以做到，我们往往在评判一件事时，不是在描述孩子的行为，而是在给孩子下定语。

“你真的太懒了！”

“你这样做太自私了，你怎么就不想想别人。”

“我给你花钱报了一个那么贵的班，你都不好好学，你真不懂事。”

……

这些语言你是否熟悉？这样的语言除了羞辱，就是给孩子贴负面标签。试想，这样没有尊重感的语句怎么可能让孩子和你积极愉快地合作呢？这样的否定性评价只会给孩子带来焦虑、反抗和伤害。

语言具有培养、激发或者威胁、毁坏的力量，我们对待孩子的态度应该是正面的、鼓励的、和善的。我们可以描述他的行为，一起寻求解决的方法，而不是指责和批评，更不是否定性的评价。

（五）你是否做到了在完成的最后期限方面与孩子达成一致

这点是非常重要的，如果没有规定事情完成的最后期限，或者没有达成一致。我们就会掉进一个陷阱，比如你和孩子约定周六拖地板，但你没有和他商定事情完成的具体时间，那他可能会到周六的晚上11点还没有去做这件事，而你还无法去提醒他，特别是对一个十几岁的孩子而言，他会抓住这个漏洞去反驳你。这样就会使你的跟踪无法进行。

（六）你是否做好了接受最差结果的心理准备

我们要足够了解孩子，特别是十几岁的孩子，他们很可能不会遵守最后的期限，这个时候，我们要做到平和而坚定地去提示，让他们承担责任，坚持让他们执行约定。

有效跟踪的四个步骤：

1. 和你的孩子进行平等、友好的讨论，探寻出现问题的原因及相关信息。（家长先听孩子说，听清楚孩子真正的想法和意图。）

2. 和孩子一起进行头脑风暴寻找解决方法。

3. 请孩子选择一个你和他都同意的解决方案。

4. 和孩子就事情执行的日期和最后期限达成一致意见。

为了让大家更清楚地了解有效跟踪，下面我们就一实例进行解读。

12岁的美美玩电子游戏时，没有像自己答应的那样只玩一个小时。美美的妈妈走到美美的跟前，对她说："我注意到你已经玩了一个小时，请你现在关机，好吗？"美美回应道："我再玩一会儿。"美美的妈妈接着问："我们的约定是什么？"美美不耐烦地回答道："我知道，我知道。"可是她嘴里说着知道，手眼依然不停地在玩游戏。

美美的妈妈把胳膊伸到了孩子的眼前，指了指手表，友好地笑笑，然后，她温柔有力地抱了一下孩子，松开后，她又指了指手表（此时无声胜有声）。

做完这些，美美的妈妈依然笃定地站在美美的跟前，微笑地看着她。终于，美美再也无法继续无视了，她有些恼怒地关了电脑。美美的妈妈真诚地说："谢谢你遵守我们的约定。"

这是有效跟踪的一个实例，有些父母不以为然，认为自己的孩子不会那么快就妥协。为了让这部分父母更好地体验这一方法，我们常常在培训中进行角色扮演。我们请一个父母来扮演孩子，我们的工作人员来扮演父母，在一个情景设定中，扮演孩子的父母往往稍作抵制，就按照约定去做事情了，速度快得令在场的其他家长都吃惊。

当孩子完全不为所动时，你应该回过头看看有效跟踪需要注意的几点，你是否真的做到了。也许有些家长讲，这是孩子自己的责任，讲好的“约定”他就应该遵守，没必要让家长去提醒，这是间接为孩子“担负责任”。当你这样想时，请你从另一个角度想想以下这几个问题：

1. 当孩子不遵守约定时，以前你是怎么做的？效果如何？

2. 唠叨、说教甚至惩罚令孩子遵守他的约定了吗？这些会让他改变行为吗？

3. 当你替孩子做了他该做的事情后，他有什么反应？下次的约定他会乖乖遵守吗？

4. 你注意到当孩子做他感兴趣的事情时有多么积极和负责吗？

5. 你真的认为你们约定的事情，譬如玩具玩好要放回原处或者其他家务事对你的孩子来说很重要吗？

6. 你注意到你认为应该优先做的一些事情和孩子认为应该优先做的一些事情，是不同的吗？

7. 你能记住并完成你答应过的每一件事吗？你有没有让别人提醒

过你？当别人提醒你时，你是什么心情？尤其是那些你并不喜欢做的事情，你每次你都能遵守约定吗？

8. 在你养成一个习惯的初始阶段，有没有出现过拖延、偷懒的情况？有没有过放弃的念头？

9. 你要求孩子控制他们的行为，你每次都能控制得住自己的行为吗？

怎么样？问完自己这些问题，会不会更加理解孩子？会不会在看到孩子不遵守约定时，情绪不再愤怒？

有效跟踪也许不能百分百有效，但它比起唠叨、责备、批评和惩罚要有效得多。它会让你情绪平和，做出正确的行为，它会减少家庭冲突，令亲子关系更加愉悦、温暖。

四、生活惯例表

人们总是对未知的事情感到恐惧，因为不知道下一步要做什么，会发生什么。所以，和孩子一起制定一个生活惯例表，有利于帮助孩子建立安全感，养成有规律的生活方式，继而形成良好的生活习惯。当然，还有一条最大的益处，是你不必再为一些日常琐事去唠叨、催促、数落孩子，它会使你们的亲子关系更加愉快亲密。

那么，这个生活惯例表该如何制定呢？

（一）和孩子一起制定生活惯例表

请大家注意，这里面有一个关键的词：一起。也就是说制定这个惯例表一定要有孩子的参与，甚至要以孩子为主，尤其是对十几岁的孩子而言。对于小一点的孩子，我们给予的帮助可以多一点。

为什么？请大家换位思考。

你一天中最忙乱的时候是什么时候？这期间你都要做哪些事？若

把这些事排顺序，你会怎么排？

如果这个表是我帮你制作，帮你排序，你愿不愿意好好执行？

我觉得你应该先做早饭再锻炼身体，你会不会按我说的做？

如果我和你一起商量，主要由你自己来决定做哪些事以及做这些事的次序，你会不会遵守的比较好？

同样，孩子也是如此，每个人都需要有控制感，更何况这个惯例表本身就是为孩子而制定的。以他为主导来制定惯例表，会让他觉得自己很能干，自己可以主宰自己的生活，从而帮助孩子建立自信、自律，同时也为他以后能够积极执行打下基础。

（二）记录下来需要做的事情和顺序

和孩子一起进行头脑风暴。如果孩子善于思考，或者到了一定年龄，这个时候父母只需要做一下引导即可。例如制定睡觉前的作息惯例表，父母只需要问问：睡觉前有哪些事是你必须做的呢？你准备怎么安排它们？孩子说，家长用文字帮孩子记录，在孩子全部说完之前，家长最好不要打断，也不要评价，当孩子确定他说完了，你可以补充，如：“再加上刷牙，怎么样？”“再加上选好第二天早上要穿的衣服，好不好？”等清单完成了，我们可以问孩子：“这些事情，你觉得先做哪件比较好？”在这个过程中，我们要启发引导孩子，以便能够列出一张比较合理便捷的惯例表。

如果孩子年龄太小，不识字或者不会写字，你也可以让孩子自己画下来要做的事情，或者在孩子做每件事情的时候为他拍照，并帮助他把照片贴到表上每个相应事项的旁边。孩子们会更加喜欢从而乐于遵守。

另外，建议制定惯例表时从相对已经有规律的时间段开始，因为这样容易实施和执行，让孩子有成就感。

（三）让孩子决定生活惯例表贴到什么位置

生活惯例表制定好后，请孩子自己选择一个显眼的位置贴起来，便于需要时查看。

（四）让生活惯例表来主宰

每一个人都不希望自己的言行由别人主宰，哪怕是年龄再小的孩子，他也需要自我能力的认可。所以，很多时候孩子的不执行，是在和我们进行权力之争。那么，这张生活惯例表就可以帮助我们退出权力之争。惯例一旦形成，就由惯例说了算，父母就无须不停地要求孩子了。

大多数情况下，你的孩子会热切地遵守自己的惯例。如果他忘了，我们只需要问："按照惯例表，你下一步应该做什么？"当他能够说出来，而不是由你告诉他时，他会更配合。这是让孩子去控制从而鼓励他们合作，而不是由父母来控制从而引起孩子反抗的一个简单方法。这样做可以增强他们的归属感和价值感，孩子觉得他们能主宰自己的生活，他们会更愿意遵守自己参与创建的规则，从而发展出自律的性格。

惯例表的作用是让孩子知道接下来要发生什么，有安全感，而不是每一项都严格按照规定的时间来，一分钟不能差。如果执行了一段时间，觉得不合适或者需要调整，可以重新制作一个新的惯例表。

惯例表在生活中的运用

圆圆的妈妈告诉我，她家虽然没有制定惯例表，但也有自己的惯例，她说：

“我经常要用一早上的时间对孩子进行催促、哄劝、唠叨、提醒和喊叫，才让孩子准备好去上学。”

“我经常要跟在孩子身后帮他收拾他用过的东西。”

“我承担了家里所有的家务活并感到怨恨。”

“我每次都要提醒、催促孩子，他才能完成作业。”

“我晚上经常需要花两个小时才能让孩子上床睡觉。”

“我每天要花半小时催促他去洗手吃饭。”

“你说，这是不是惯例？”她问。

“当然，这也是惯例，而且我猜这样的惯例你肯定不喜欢。”我回答。

“是的，我要回去和孩子一起建立一个新惯例。”

圆圆的妈妈回家后，选择一个充足而愉悦的时间和孩子进行了交谈。她按照头脑风暴的原则请孩子说出睡觉前都有哪些事需要做，然后她做了补充。其次她请孩子自己来决定做这些事情的先后次序，并请孩子把它画下来。为了增加惯例表的趣味性，圆圆的妈妈在征得圆圆的同意后，还把圆圆做这些事情时的画面拍了下来，并打印出来贴到了惯例表上。

在最初的一周，圆圆的妈妈几乎每天都要提醒圆圆去看惯例表。后来，圆圆的妈妈改变了策略，她会假装自己忘记惯例表上的内容，困惑地自言自语，“哎呀，现在该干什么了？讲完故事后，我们该做什么呢？我怎么想不起来了”，或者让圆圆提醒她，“圆圆，看完动画片后，记得提醒我去刷牙哦”。每一次，圆圆都很开心，积极地充当“小向导”，她为能引导自己和妈妈的生活感到自豪。

偶尔，圆圆不愿意做惯例表上的某项时，妈妈就会以温和而坚定的方式利用“有效跟踪”这个工具促使圆圆执行生活惯例表。纵然有几次不能执行，圆圆的妈妈也不会像以前那样去训斥或者抱怨，她会以理解者的姿态温和地抱抱孩子。毕竟，我们大人有时候也会因为太累或者烦躁等原因而不去刷牙甚至不去上班，但这绝对影响不了我们日常的惯例，明天、后天我们照样该刷牙刷牙，该上班上班，该干什么干什么。偶尔一两次的放弃影响不了我们习惯的建立，孩子也是如此。

圆圆的妈妈告诉我，她现在和以前比感觉轻松多了。圆圆已经不需要她提示去看惯例表了，圆圆已经养成习惯，每天晚上很顺畅地按照流程去做事情。

其实，这就是习惯，一个习惯的养成大概需要21天，第一阶段是头7天。此阶段的特征是“刻意、不自然”。你需要刻意提醒自己改变，因此会觉得有些不自然、不舒服。

第二阶段，7～21天。此阶段的特征是“刻意、自然”。你已经觉得比较自然、舒服了，但一不留意，还会回到从前，因此，你需要不断地提醒自己。

第三阶段，21～90天。此阶段的特征是“不经意、自然”，这就是习惯了。这一阶段被称为“习惯的稳定期”。一旦跨入此阶段，你已经完成了自我改造，这种习惯已经成为你生活中的一个组成部分，它会自然而然地为你效劳。

如果坚持重复90天以上，就会形成稳定的习惯；如果能坚持重复365天以上，你想改变都困难。

所以，孩子的习惯养成，绝对离不开我们父母的提醒和陪伴，我们需要有一颗极其包容、忍耐的心去对待孩子，只有这样，我们才能够真正帮助到他们。

五、无言的提醒

不知大家注意到没有，当我们需要提醒孩子时，往往一出口就是唠叨、催促、威胁、命令、责备、说教……特别是早晨起床上学这段时间，每个有学龄儿童的家庭几乎都充斥着催促声、呵斥声，这样的情景几乎每天都在上演，这说明这种形式对孩子根本不起作用，不仅不起作用，而且使整个家庭气氛一团糟糕，使人的心情紧张、烦躁，给一天的生活打下“不愉快”的基础，实在是本末倒置啊！

我们常常对孩子说：“你怎么不长记性，跟你多少遍了，你怎么记不住？”但反过来，我们想一想，我们大人何尝不是如此呢？一件事情，我们唠叨了多少遍？我们说教了多少遍？说了那么多遍，都对孩子不起作用，那我们为什么还要唠叨？为什么还要责备呢？我们为什么记不住呢？我们为什么不换个方法试试呢？所以，我发现，我们家长的一个通病，常常是眼睛朝外看，盯孩子的毛病，而很少往里看，盯自己的原因。一件事情，唠叨那么多遍都不起作用，你还天天说，那就是你自己的原因，你不会处理问题。我们需要明白：权威表达需要简短，少说或者不说更有效。你让孩子参与解决问题时，如果制定的计划中包括一些“无言的提醒”，帮助家长们停止唠叨和催促，学会闭上自己的嘴巴，那它就会更有效。

什么是“无言的提醒”呢？就是家长事先和孩子约定好，某个动作或者声音代表一个特定的内容，一旦有人做这个动作或者发出这个声音，另外一个人就要按照事先约定好的内容去执行。下面的事件就是“无言的提醒”战胜长篇大论的例子。

笑笑的妈妈近期颇为恼火，她发现6岁的女儿笑笑越来越爱噘嘴生闷气了，无论她怎么训斥或者讲道理给笑笑，笑笑依然不分场合动不动就把嘴巴噘得老高。在参加完家长培训课后，笑笑的妈妈决定试试新方法。

在一次家庭会议上，当笑笑的妈妈提出噘嘴的话题时，笑笑又一下子把脸耷拉下来。这一次，笑笑的妈妈没有像往常那样立即呵斥笑笑，她学会了“给孩子情绪上的认同”。她充满同情地抱了抱女儿，说：“哦，你看起来有些生气。”笑笑立马回应：“是的，我快被气死了。”

笑笑的妈妈再次用力地拥抱了一会女儿，然后轻轻抚摸着笑笑的头发，问：“你愿意告诉我，你为什么那么生气吗？”

笑笑抬起头，有些不敢相信地看着妈妈，迟疑地问：“我说出来，你不会训我吗？”

笑笑的妈妈感到一阵愧疚，她平时简单粗暴的教育已经不敢让孩子说真话了。在内心深处，她决定真的要改变自己。

笑笑的妈妈重重地点了点头。然后，她听到女儿说：“嗯，我生气是因为你总是管着我，总爱命令我。”

笑笑的妈妈有那么一会儿想为自己辩解，她想说：“我不管你，你就可以使劲看动画片了；我不管你，你就可以玩命喝饮料了。我管你，是为你好。”所幸，这些话被她努力咽回到了肚子里。

她沉下心想了想，说：“嗯，我认为你说得对。没有一个人喜欢被控制，我要停止发号施令，并且保证以尊重的方式让你做事。”

笑笑听完，立马笑了，她开心地回应：“好吧，如果你真的能做到对我尊重，那么当你让我做事情的时候，我可以不再那么生你的气。”

笑笑的妈妈由衷地惊叹：“哇，我们都有进步啊！那么，下面让我们一起来想一想让我不那么颐指气使，而你又不那么生气的方法，好吗？”

经过头脑风暴，她们列举出了“说出自己的感受”“默数”“拥抱”等方法。她们决定试试这些所有方法。更为重要的是，她们还决定，当出现“不良行为”时，要使用“无言的提醒”这个工具。当笑笑认为妈妈在命令人时，她将双手抱拳，以提醒妈妈要尊重别人。当妈妈认为笑笑过于生气并噘嘴时，她会把两根食指放在嘴两边往上画弧线，以提示笑笑要注意调整自己的情绪。

母女俩感到一种从未有过的积极亲密的气氛在彼此间蔓延。她们迫不及待地想尝试这些新方法。

机会很快来到，当笑笑又一次小题大做地噘嘴生气时，笑笑妈妈赶紧把两根食指放在嘴两边往上不停地画弧线，并对笑笑微笑示意。笑笑看了几秒，“扑哧”一下乐了。

同样，当笑笑双手抱拳时，笑笑的妈妈就会立刻发现自己果然正伸着食指，以不尊重的态度在命令别人做事（笑笑或者爸爸）。她也会赶紧做出调整，做出正确的行为。

当她们尝到“无言的提醒”的甜头后，她们又如法炮制了很多有趣好玩的暗语。比如，当早晨上学时间紧张时，笑笑的妈妈就会用拍手来表示。

当有人在抱怨时，她们就会用“弹舌”来提醒。

当笑笑玩完玩具没有收拾时，笑笑的妈妈或爸爸就会发出“咕噜咕噜”的怪声。

……

笑笑的妈妈说，自从她们家用了“无言的提醒”这个工具，她感觉她们家里的气氛一天比一天快乐、和谐、温暖。

李静是一名初中教师，她喜欢在自己初一年级的班里使用“无言的提醒”这个工具。在开学的第一周里，她就和学生们商定好了几种暗语。一个是从吵闹中安静下来的信号，她把食指放在嘴前，发出“嘘”声，听见这一声“嘘”的学生会闭上嘴巴，摆正身子，两手重叠一起放在课桌上，表示他们已经准备好听课了。如果还有学生没有准备好，李静老师会接着发出两声“嘘”。一般“嘘”到两下就已经足够让全班安静下来了，很少“嘘”到三下。

还有一个是针对老师的，当有人觉得李静老师过于生气、对学生不够尊重时，学生就可以做出这个动作以示提醒：伸出右手食指在空中画一个大圆圈，然后，再把胳膊从圆圈中穿过去。

盛敏是一个16岁的女孩，她妈妈是一个将近50岁的家庭妇女。青春期碰上更年期，导致她俩总是争吵不断。吵过之后，双方又都很懊悔，但因为自尊心，谁都没有开口向对方道歉。后来，她俩就这个问题进行了一次彻底的沟通，她们才知道原来对方都深深地爱着自己，是爱的方式出了问题。她们决定以后改变沟通方式，尽量不再吵架。并且她们约定了一个手势，如果没忍住吵了架，就看谁能先想起来把双手放在胸前，然后打开，表示“我爱你”。盛敏的妈妈有点儿尴尬地告诉我们，往往是盛敏最先想起来。

实际上，孩子的心是最纯真、最柔软、最善良的。她们是最愿意表达爱和最容易原谅大人的。不信，你回家可以试试，当你做错事时，你真诚地向孩子道次歉，听听孩子怎么说。很多家长告诉我，当她们道完歉甚至还没有道完时，他们的孩子就迫不及待地说“没关系，妈妈”“没关系，爸爸”，并给她们一个大大的拥抱！

因为“无言的提醒”包含了尊重、平等、善意的提醒，避免了催促、唠叨、说教、批评，所以，孩子们通常非常乐意合作。实际上，这就是在培养孩子解决问题的态度和技能。

“无言的提醒”可以不拘形式，手势、表情、物品、好玩的发音等都可以使用。最关键的一点是，“无言的提醒”不仅可以针对孩子，也可以针对家长，以约束家长的言行。

有些家长可能不以为然，认为自己这么大年纪了，没必要改变。可我们是否想过，当大人不能控制自己的言行时，又有什么理由去要求孩子控制自己的言行呢？

当我们恼羞成怒地指责孩子爱生气时，我们自己是不是正在生气？

当我们嫌孩子不能管住自己时，我们是否管住了自己呢？

很多时候，就是这样，我们的“约束镜”只照别人，而忘记了照自己。所以，孩子口服心不服，越来越难管教。

实际上，只要我们和孩子站在同一条水平线上，我们坚信“三人行，必有我师”，以尊重平等的态度对待孩子，以温和而坚定的态度对待孩子，以互相帮助、互相学习的心态对待孩子，孩子就会“听话”很多。

六、引导性提问

请大家思考一个问题，如果说一个答案，一种方式是通过别人引导、启发，你自己总结出来的，一种方式是别人直接告知你的，你会更喜欢哪种方式？哪种方式让你感觉更好？为什么？目前为止，我问过的家长，没有一个人更喜欢第二种，他们全部喜欢第一种，他们说，第一种方式让自己更有成就感，感觉自己有能力。

孩子更是如此，特别是你期望孩子和你合作时。比如，你想让孩子去收拾房间。你不要直接告诉孩子去收拾房间，而可以问："怎么能让你的房间变得整洁呢？"

孩子可能说："把玩具收起来。"

你可以接着问："地板上的东西应该怎么清理呢？"

孩子可能说："把垃圾捡起来，把玩具放回柜子里。"

"还有床铺，应该怎么收拾呢？"你可以接着问。

如果孩子不会或者做得不正确，你可以教给他，并问："你觉得怎么摆书本更方便、更省空间？”“如果这样摆，是不是更好？”

这个方法，一方面是在花时间训练孩子掌握一些生活技能，另一方面是引导孩子思考，并让孩子积极参与解决问题。

反过来，如果直接告诉孩子，“你该去收拾房间了，你应该先把地面清理干净，然后再去收拾桌子……”，孩子会有什么反应呢？他很可能不予理会。在中国的家庭里，尤其是独生子女家庭，很多父母唯恐孩子走错路，做错事，说错话，总是不停地对孩子说教、说教、说教，告诉、告诉、告诉。当孩子犯了一个错误时，很多父母会迫不及待地告诉孩子发生了什么事，是什么原因造成的，对此应该有什么样的感受，以及应该怎么做。最后，他们还会加上某种形式的惩罚，以让他们引以为戒。

结果呢？这一方面导致孩子麻木或者逆反，另一方面导致孩子胆小、迟钝、没有主见、不愿思考。所以，如果我们想拥有一个善于思考、善于解决问题、善于从错误中学习的孩子，我们就应该少说教、少灌输，多问启发性提问。

下面的例子就很好地展现了一位妈妈在自己8岁女儿的自行车被盗后，是如何问问题，而不是说教的。

丽丽哭着回到了家：“我找不到我的自行车了，肯定是被人偷走了。”

妈妈：“我真为你难过。我能看出来你有多么伤心。告诉我发生了什么事。”

丽丽：“我把自行车放在了菲菲家前院的草坪上，现在不见了。我恨那些偷自行车的人。他们太卑鄙了！”

妈妈：“是够卑鄙的。可惜我们无法控制世界上的每个人，那你能想到什么办法保管好自己的物品吗？”

丽丽：“我最好不要把东西放在外面。”

妈妈：“听上去你好像从这次痛苦的经历中学到了很多。或许待会儿你愿意谈谈需要怎么做才能再得到一辆自行车，以及你会如何保管好它，以免再发生类似的事情。”

丽丽：“我们现在不能谈吗？”

妈妈：“我认为我们俩现在都太难过了。你认为我们需要多长时间才能好起来，可以理性地谈这个问题？”

丽丽：“明天怎么样？”

妈妈：“我觉得不错。”

其实，这就是引导性提问，在这个例子中，这位妈妈没有直接告诉孩子应该怎么做，自行车才能保管好。她是通过一步步提问的方式，启发孩子自己找出答案。这要比直接告诉孩子有效得多。为什么“问”比“告诉”有效得多呢？因为，告诉通常会造成身体上的生理抗性，向大脑发送的信号是“抗拒”。相反，尊重地问，造成的是一种身体上的生理放松，向大脑发送的信号是“寻找答案”。孩子感受到的是被尊重、有能力、有智慧，并且通常会决定和家长合作。

当然，因为我们习惯了“告诉”，现在让我们改成提问，对于很多家长来说，有点困难，下面给大家提供八个典型的引导性问题，以供参考。

第一个问题：“发生什么事情了？”

尽可能用平静的语气问孩子这个问题，给孩子诉说的机会，不要武断地打断孩子，并给孩子下判断。这是我们父母的通病，我们常常缺乏耐心听孩子讲完话，一般会太快地下判断：“肯定是你先欺负妹妹，妹妹才会咬你的。”“肯定是你上课捣乱，老师才会训你的。”

这样先入为主的负面评价一下就阻断了我们和孩子的情感连接，而导致后面的沟通无法进行。

请记住，学会倾听是一种美德，更是一种能力。如果我们连听孩子讲一讲事情发生的经过的耐心都没有，何谈培养孩子的耐心呢？

一位母亲问她五岁的儿子：“如果妈妈和你一起出去玩，我们渴了，又没带水，而你的小书包里恰巧有两个苹果，你会怎么做呢？”儿子歪着脑袋想了一会儿，说：“我会把两个苹果都咬一口。” 可想而知，那位母亲有多么失望。她本想像别的父母一样，对孩子训斥一番，然后再教孩子怎样做，可就在话即将说出口那一刻，她忽然改变了主意。母亲摸摸儿子的小脸，温柔地问：“能告诉妈妈，你为什么要这样做吗？”儿子眨眨眼睛，一脸的童真：“因为我想把最甜的一个给妈妈!”顿时，母亲的眼里泛起了泪花！

我们常常用成人的世俗心去看待孩子的问题。“久经沙场”的成人总会揣度背后的“阴谋”。殊不知，孩子其实没有那么复杂，他们往往会不经意间给我们展现出人性最美好的一面。

第二个问题：“你对发生的事情有什么感受？”

事情发生后，孩子或喜或悲，或恼或怒，不管什么样的情绪，他都需要有一个出口输出。因为我们前面讲过：先处理情绪，后解决问题。只有一个人情绪平和，才有可能理性思考，进而想到更合理的解决方案，所以，我们这样问，实际上就是送给孩子一个情绪输出的机会，引导他把感受说出来，然后给予认同与接纳，等待他的情绪平复。

实际上，这也是保证孩子身心健康的一个方式，因为如果一个人的身体内负面情绪积压太多，很可能就会导致身体和心理方面的疾病。

第三个问题：“你觉得这件事情是什么原因造成的呢？”

孩子平静下来也许只需要几分钟，也许需要一两天，这都无关紧要。只有平静下来，他才有可能客观、理性地分析事情发生的原因。这个时候，再去问他“你觉得那件事情是什么原因造成的呢”比较合适。

不管孩子说出怎样片面的理由，我们都不要去评判与批评，我们只需要慢慢启发他，引导他看到事情的本质就足够了。

第四个问题：“你觉得你从这件事中有哪些收获？”

这点是最为重要的，孩子犯错不可怕，可怕的是孩子犯错后不去分析原因，不去想办法改正和提升。所以，我们家长一定要有一个认识，不要怕孩子做错事。当孩子出现问题时，我们要引导他从错误中学习和成长。只有这样，孩子才能越来越少地犯错误，才能越来越优秀。

第五个问题：“你觉得用什么方法可以解决这一问题？”

作为成人，我发现我们总是爱低估孩子解决问题的能力，我常常听到家长这样说自己的孩子：“他不行”“他太小了”，等等。可实际上，你会发现，孩子解决问题的能力远远超出我们的想象，他们通常能想出既出色又有效的解决办法。想想看，有多少次在家长们为了孩子的事正和别的孩子家长争吵时，孩子们却早已经忘记了争吵的原因，开心地玩在一起了。所以，请相信孩子，打开我们的心扉，认真地听听孩子是怎么想的。

记得有一段时间，我6岁的女儿总是赶不上校车，我就这个问题和她进行了交流。

我问她：“你觉得是什么原因导致你没有赶上校车呢？”

她想了想说：“闹钟响的时候，没有及时起床。”

我说：“嗯，还有吗？”

她说："找衣服耽误时间，然后刷牙太慢。"

我问："你觉得用什么方法可以解决这一问题？"

她思考了一会儿，回答说："嗯，我以后要早点睡，然后，闹钟响的时候，我就立即起床。"

我接着问："还有吗？"

她说："嗯……前天晚上把第二天要穿的衣服准备好，放在床头。还有，妈妈，你能不能每天帮我挤好牙膏，这样我就可以节省点时间。"

我愉悦地回答："好的，我刷牙时帮你挤好。"（因为我通常要比她早起来一会儿。）

后来，我们又加了"无言的提醒"这个工具，当时间紧急时，我会用弹舌来提醒她。自此以后，女儿几乎没有再赶不上校车。所以，我们一定要相信孩子，再小的幼儿都有解决问题的欲望和能力。你一定要让他参与进来，而不是简单地灌输给他方法。这个能力将会使他终身受益。

典型的引导性问题：

1. "发生什么事情了？"

2. "你对发生的事情有什么感受？"

3. "你觉得这件事情是什么原因造成的呢？"

4. "你觉得你从这件事中有哪些收获？"

5. "你觉得用什么方法可以解决这一问题？"

在此，要特别提醒大家，在问孩子这些问题的时候，千万不要在心中预设答案。

想一想，如果你在心中预设了答案，孩子回答时没有说出你想要的预设答案，结果会怎样？你可能会继续诱导孩子说出你心中的预设答案，你也可能会失望，进而开始说教。这样的话，你就无法再走进孩子的内心世界，聆听他真正的想法。特别是对十几岁的孩子而言，你预设了答案，还去问他们，他们会一眼看穿你的“虚伪”，从而产生抗拒心理。因为你预设的答案代表的是你自己的立场，实际上还是你想把你的想法强加给孩子。所以，我们应该放下心中那些原本的意愿，以开放包纳的心态去启发孩子，聆听他真正的想法。只有这样，我们才能拥有一个愿意给我们讲真话并愿意积极解决问题的孩子。

七、指导孩子练习

大家看，对于下面的这些话或者场景，你是否熟悉？

一位妈妈让孩子收拾房间，过了一会儿，妈妈走过来，看到孩子收拾好的房间，开始抱怨：

“这就是你收拾好的房间，地上还有那么多垃圾，玩具乱七八糟地堆在一起，还有拖鞋，东一只，西一只。重新收拾吧！”

一位爸爸厌烦了天天帮儿子收拾书包，他决定以后让儿子自己收拾。第二天早上，当他看到儿子的书本、笔和练习本等都还乱七八糟地摊在桌子上时，他火冒三丈，一边帮儿子收拾一边训斥：

“你的书包怎么到现在还没收拾？你看看这张桌子上乱的，你能不能提前把书包收拾好？这样我们上学就不会手忙脚乱了。”

一位妈妈看到孩子写的作业后，生气地说：

“你看看你写得多潦草，撕掉重写！”

相信这样的场景，我们都不陌生。我们常常犯的错误就是我们还从来没有教给孩子怎样做好一件事，就已经以“这件事做好的标准”去要求孩子。我们还从没有教给孩子怎么收拾房间，从没有教给他如何收拾书包，从没有教给他作业如何保持整洁，就以“已经教会他”的态度对待他。孩子是不是很冤？年龄小的孩子不仅不会辩解，还很可能认为自己无能。

我曾经犯过这方面的错误，当时女儿的一句话，顿时令我醒悟，她怯生生地小声说：“我就是不会。”当我意识到自己的错误，并一步一步教她怎样做时，她表现出来的依然是对做好这件事的不自信。这是最为可怕的，我们无形当中摧毁了孩子的自信心！而自信心是做好一件事情的根基。所以，当我们想让孩子做一些事时，我们应该拿出一些时间指导孩子进行练习。

指导练习，要求我们的表达和期望要非常明确。有一位妈妈花费两年时间教孩子收拾厨房。如何刷碗，如何摆放碗碟，怎样清理水池……一步步，一天天，非常有耐心地去指导孩子。到孩子10岁的时候，孩子收拾过的厨房已经干净整洁得像皇家后厨了。

指导孩子练习，我们可以从以下几方面着手：

（一）把任务细致化，并给孩子做示范

一个整体的概念，比如“把你的房间收拾好”，可能会让孩子不知所措并挫败孩子的积极性。把一个任务分拆成数个步骤，比如把玩具装进玩具箱里、把书放到书架上摆整齐、把鞋子放进鞋柜里等，会让他真正明白你的要求。另外，必要时，父母可以亲自给孩子做示范，回答他所有的疑问直到他能够独立完成。

（二）把指导练习趣味化

兴趣是最好的老师，对于年龄小的孩子，我们尤其要注意。记得孩子小的时候，我教她叠衣服时，发现她总是心不在焉，不感兴趣。后来，我灵机一动：何不用儿歌的形式引导她呢？于是，我边示范边唱儿歌："衣服放平整，关上两扇门，左手抱一抱，右手抱一抱，弯弯腰，点点头，衣服叠好了。"唱完，我看着孩子，她开心地笑起来，喊道："再叠，再叠。"于是，我趁机问："你想不想学叠衣服？""想！"她响亮地回答。就这样，没用几遍，孩子就学会了叠衣服。

（三）检查学习效果

当你感觉孩子已经学会时，不妨用提问的形式来确认一下。比如："要收拾好书包，你认为该做哪些事？"

如果孩子说："把书放进书包。"你可以接着问："那作业本呢？文具盒呢？还有老师特别要求的大白纸呢？应该怎么做？"孩子可能很不耐烦地攥着拳头，大声嚷嚷："统统都放进书包里。"你可以无视那些无礼并且承认："太好了，我很高兴我们的理解一致。"

（四）保持一颗平常心

指导孩子练习并不意味着孩子做的就一定会达到你的标准。对孩子来说，积极地参与比结果更为重要。如果你的孩子洗的袜子不够干净，擦的桌子不够亮，不要去批评他的工作，批评会挫败孩子的自尊，更会降低他与人合作的意愿。如果某项工作要求每次都必须完成得尽善尽美，那这绝对不是一项适合孩子去做的工作。我们要记住，孩子总归是孩子，改善和学习是贯穿他一生的过程。而且，我们要明白，我们想让他们做的事，未必就是他们认为“非常重要”的事，除非等到他们自己做了父母并且有了自己的孩子的时候。尽管如此，我们依然要让他承担一些家务事，只是我们要保持一颗平常心。

八、教孩子从错误中学习

请大家回想一下，当你在生活中做错事、说错话时，你是如何对待自己的？当你的孩子犯错误时，你又是如何对待孩子的呢？你有没有发现，人往往更容易宽待自己、苛刻别人，尤其是自己的孩子。由于不能容忍自己的孩子犯错误，所以家长会包办、斥责、批评甚至打骂。结果呢？很多孩子因为害怕做得不够完美而受到羞辱，从而决定不再冒险，成为胆小懦弱的所谓“听话孩子”；太多的孩子决定变成“讨好者”，以牺牲自己的自尊和想法为惨重代价去取悦大人；另外，还有一些孩子会决定掩盖自己的错误，并想尽一切办法避免被抓到，变成没有责任心、爱撒谎的孩子；当然，还有一部分孩子，由于父母过于追求完美，不允许他们犯一丁点儿错误，以至于他们也致力于追求完美，长大后成为“强迫症”患者。

完美真的那么受欢迎吗？在美国，社会心理学家阿伦森做过这样一个实验：在实验中所有被试同时听了一段录音，里面是四位选手在

竞争激烈的演讲会上的演讲。在这四位选手中，有两位才能出众、水平几乎不相上下；而另两位则是才能一般、表现平庸的选手。根据实验者事先的安排，一位才能出众的演讲者不小心打翻了桌上的咖啡，而另一位才能出众者则没有这样的失误。表现一般的演讲者中也有一位产生了这样的行为，不小心打翻了咖啡。实验要求所有被试排列对四位选手的喜欢程度。

实验结果出人意料，按照喜爱程度从高到低的排列为：才能出众犯错误的人、才能出众未犯错误的人、才能一般未犯错的人、才能一般犯错的人。

对于能力出众者来说，并不是表现得完美就一定能得到众人的喜爱，反而犯点小错误，更能让其魅力大增。

为什么呢？一方面，一点小错能够拉近名人和普通人的距离，普通人更愿意表示亲近，因为人对与自己条件相差太远的人不会有太多的情绪或情感，导致其以一种旁观者状态去看。而如果有才华的人犯点小错，那么则会大大缩减两者之间的距离感。

另一方面，从自我保护的角度来看，任何人都希望自己被尊重，自己不受伤害，他人的优秀会让我们有点“自惭形秽”，多数人会自动疏远那些优秀的朋友。但如果对方有点小瑕疵，我们就会觉得有一点心理上的平衡。

所以，请允许孩子有一点点的不完美，我要将下面这首歌词送给大家。

一点点的不完美

凯茜·斯金斯基

一点点的不完美并不太糟糕。
一点点的不完美不致让你心碎了。
它能让你更真实，
接近那些不那么完美的人，
就像我一样。
一点点的不完美并不太难耐。
你再来一点点的不完美就已经够能耐。
它让你再次脚踏实地，
且让人们保持自我的价值。
一点点的不完美其实恰到好处。
让不那么完美的世界更容易面对。
假如我们能学到，
再来一点不完美，
更多的我们就会找到正确之路。

一点点的不完美并不太糟糕。
一点点的不完美不致让你心碎了。
它让你接近真实，

接近那些就像我一样，

不那么完美的人。

请大家改变一个观念，犯错误不是什么丢脸的事，而是一个让人进步的学习机会。

对于这个观念，不仅我们要改变，我们也要引导孩子去改变。一方面，我们要让孩子明白甚至体会到，当一个人能够勇敢地直面自己的错误，并真诚地道歉，然后积极地想办法解决自己造成的问题时，人们往往是非常宽容的。这样，我们或者孩子为自己的错误承担责任就变得容易多了。另一方面，当大家把犯错误看作是一个学习机会的时候，承认错误就好像变成了一次让人兴奋的探索，“我犯了一个错误，太好了，这次，我能从中学到什么”？由于孩子对这一观念非常陌生甚至怀疑，所以，我们应该身体力行，并反复地引导孩子把犯错误看作学习的好时机。

大家想想看，我们把犯错误看作一个学习机会而不是什么坏事，能够发展出孩子的什么技能或者品质？

第一，诚实。孩子不怕承认错误了，因为他知道即使犯了错误，他也是安全的。

第二，敢担当。孩子勇于为自己的错误承担责任了！因为他不会受到抱怨与指责，所以他也不会为自己辩解、推托、找理由。

第三，专注于解决问题。这是一个非常好的习惯，当问题发生时，应该往前看，而不是沉溺于过去。成功与失败只有一点之差：主动还是被动。当问题发生，善于从自身找原因的人更容易成功，习惯于从他人身上找原因或者找客观理由的人则难以成功。

第四，具有挑战精神。因为孩子不再怕犯错误，所以他敢于尝试新鲜事物，敢于让自己的想法付诸实施，因而他的体验和成功的概率也会大大增加。

第五，思维灵活、反应敏捷。家长管得太多太严、不容忍孩子犯错，就会禁锢孩子的思维，折断孩子想象的翅膀，使孩子变得唯唯诺诺、故步自封。反之，如果我们以包容的心态对待孩子的错误，孩子的大脑就是放松的，他就能举一反三，迸发出思想的火花。

当然，好处远远不止这些，我在此就不一一列举，希望大家能够重视这一观念。改正错误一般要经历两个步骤：第一，承认错误；第二，解决问题。我们要勇于为孩子树立不完美的榜样，我们要知道，无论是谁，都有情绪不受大脑控制的时候，当情绪脱离控制，我们也会做错事，说错话。关键在于，我们犯错误后的态度。我推崇正面教导的一个原因就在于，不论我犯了多少错误，也不论我的错误造成了多少麻烦，我总是能回归到正面教导的原则上来，从我的错误中学习、成长。

记得有一次，我忘记了和女儿的约定：晚上我们要一起刷牙。那天，我提前刷牙了。然后，女儿知道后立即哇哇大哭，我没想到

她会有那么大的反应，再加上那天我身体不适，所以火气一下子就上来了，我气急败坏地说：“你真讨厌，真是一个爱哭鬼！”

我的孩子对“改正错误的两个步骤”已经很熟悉了，她哭泣着反驳我：“我这次不会原谅你，你不要来跟我说对不起。”

我完全出于第一反应地回答道：“放心吧，我绝对不会。”

然后，童童跑回自己的公主屋把门摔上了。我在“平静沙发”上坐了一会儿，很快恢复到了理性大脑的状态，意识到了自己的行为，当我觉得足够平静时，我来到她的房间。

我抱住了还在哭泣的孩子，对她说：“对不起。”

大约五分钟后，童童也说：“妈妈，对不起。”

我说：“宝贝儿，我向你道歉。事实上，当我说你是一个爱哭鬼时，我自己就是。我因为你管不住自己的行为而生气，可我自己也没管住我的行为，真的非常对不起。”

童童说：“没关系，妈妈，我也向你道歉，我不该哭闹。”

我接着说：“我不仅违背了咱俩的约定，还朝你大叫，你肯定很伤心。”

童童说：“我伤心得都刷不成牙了。”

我再次拥抱了她，说：“今天我忘了咱俩的约定，要是再碰到类似的事情，怎么办呢？”

童童说：“我告诉你或者我做这样一个动作（她把两只手举起来挥了挥）。

“好的，那样妈妈就会再刷一遍。”我说着和她拉了一下钩。

大家发现了吗？当大人为自己的行为造成的冲突承担责任时，孩子们通常都愿意效仿大人做出的榜样，承担起自己的责任。当孩子们有承担责任的榜样时，他们就会学着承担责任。

所以，你放心，你改变了，你的孩子也就改变了；你改变了，你的爱人也会改变。

这个工具同样适用于孩子的学习，我常常听到一些家长抱怨自己的孩子在一个知识点上错了又错，当我问他们是否帮助孩子准备一个错题本时，他们往往是摇头的。这是我们大部分家长的通病，我们过于注重分数、成绩，而忽略了分数背后隐藏的原因。要知道，促使孩子改正并进步的第一个步骤就是帮助孩子设立一个错题本。

什么叫作错题本？错题本是指孩子在学习的过程中，把自己做过的考试题、模拟题及其他习题中的错题整理成册，便于发现学习的薄弱环节，进而进行针对训练以提升成绩的学习辅助用品。

简单来讲，错题本就是孩子自己曾经犯下的错误。我们要让孩子明白，“世界上最有价值的习题不是专家出的习题，而是自己做错的习题”，那才是自己的短板。你采访那些历年的高考状元，他们身上几乎都有一个共同的特点，就是只要他们错过的题，他们不会再犯同样的错误，只要错过这一个类型的题，也不会再犯同类型题的错误。为什么？就是因为他们都有一个秘密武器——错题本。

那么建立错题本到底有什么好处呢?

首先，错题本能改变孩子以及家长对错误的态度，这点非常重要。因为当我们家长认识到错误是宝贝时，我们就不会那么在意孩子的分数，我们在面对孩子的错误时，就能够做到心平气和，就能够做到真诚地帮助孩子分析错误产生的原因，从而鼓励他们改正并继续努力；而孩子一旦认识到错误是宝贝，就能够主动去分析错误产生的原因，主动去改正。

其次，“错题本”能帮助孩子改掉粗心马虎的坏习惯。很多高中家长反映说，孩子的很多错误都是因为粗心马虎造成的，而这个坏习惯从小学就有，让人很头疼。

那么，如果帮助孩子建立起一个错题本，在错误原因分析方面，有很多的错误是因为“粗心马虎导致的”，这对孩子来说是不是也是一个很大的触动?比如说，因为看错小数点而做错了一道题，在学期末错题本的原因汇总上，孩子忽然发现因为这个原因做错了三四道题，那么孩子自然会惊醒，会懊恼，会在下次碰到类似的题目时，更加认真谨慎，直至不再犯类似的错误。所以，当把错误汇总在一起的时候，就会很容易看出其中的规律。从而帮助孩子提高学习效率，减轻学习负担。

俗话说，吃一堑，长一智，而现实生活中，我们能够帮助孩子吃三堑，长一智，就已经很好了。而错题本在很多时候，真的能让孩子吃一堑，长一智。

九、承担自然后果

法国教育家卢梭提出过一种教育方式："自然后果法"——如果孩子犯了错，造成了不良的后果，让他自作自受，亲身体验并承担自己所犯错误造成的不良后果，从中接受教训。自然后果法是让孩子在成长中自然地收获经验，比如：不吃饭，就会肚子饿；寒冷天气穿短裙子，就会感冒；穿高跟鞋爬山，就会脚疼。这其中没有成人的干涉。

实际上，这和很多幼儿园使用的蒙台梭利教学法非常相似，著名幼儿教育专家蒙台梭利说过一句名言：我听过了，我就忘了；我看见了，我就记得了；我做过了，我就理解了。这是体验式成长。只有孩子亲身经历并体会，他才会理解深刻，记忆精准。

在使用"自然后果法"的时候，家长需要注意以下两点：

（一）切忌"事后诸葛亮"

当面对自然后果的时候，我最怕听到的就是"我早就告诉过你了”或者“给你说多少遍了，你就是不听，这下好了”等一些指责、羞辱的话语，这样的话语附加到自然后果上，会使孩子原本能够自然而然地获得的体验蒙上一层厚厚的灰尘，它会阻碍孩子在体验自然后果中自然学习。为什么？因为人的本能会促使他停止内疚与反省，转而把注意力集中在承受或者对抗你给他的这些指责、羞辱和伤害上。因此，千万不要事后诸葛亮式地说出一些愚蠢的话。

（二）尽量不帮忙、不救援

当后果自然而然发生时，如果父母去帮着修正错误，那么孩子很难从中吸取到经验教训。作为母亲，我深深懂得当看到孩子正经历身体或心理上的不适，而自己袖手旁观，有多么难！但这是你能够做到的帮助孩子培养自律和对自我能力认识的最佳机会之一。通过这一次事件，他收获的经验和教训要比你去帮助他或者替代他承担后果深刻、有力得多。这也正是我们正面教导一直所倡导的“温和而坚定”的教育原则。

（三）可以适当指导

对于年幼的孩子，当面对自然后果的时候，他可能手足无措，不知如何是好。这个时候，我们可以在旁边指导。例如孩子弄洒了一杯牛奶，我们可以告诉孩子他需要一块抹布。必要时，我们也可以示范。

（四）可以提建议，但选择权和决定权在孩子手里

其实很多时候，我们可以预见到孩子做一件事情的自然后果，我们忍不住想提建议，但是我们无权要求孩子必须按照我们的建议去做。记住，我们只管提建议，让孩子自己选择和做决定，他会在实践中尝到自己选择的后果。

（五）表达同情和理解

对孩子正在经历的事情表达同情和理解，“你一定因为××感到伤心”或者“你是不是因为××感到沮丧”。如果合适，也可以给孩子一个鼓励的拥抱，并告诉他：“我爱你，我相信你能处理好。”孩子的自信来自家长的信任，只要我们真心实意地表达出我们对他的信任和鼓励，孩子一定能感受得到。

我女儿3岁的时候，特别爱美。有一次出去玩，她不仅要穿她不合脚的高跟小皮鞋，而且要拿着刚买回来的小红伞，还要挎着一个小书包，抱着一个芭比娃娃。我给她提建议，我们要走很多路，穿这双鞋出去，会很累，带这么多东西也不方便，但孩子不听。请大家注意，我们父母可以跟孩子提建议，但人家听不听，采不采纳是人家的权利。不听可以，那我跟你讲好了，你带的这些东西，我不会帮你拿。这个是事先约定，孩子一口答应了。

大家可想而知，一个3岁的孩子，走一点路就累了，何况鞋子不合脚，又带这么多东西，出去玩了一会儿，她就喊着脚疼，并央求我帮她带东西。我只是温柔地抱了一下她，说：“我知道你不好受，可是我不能帮你拿东西。”女儿别别扭扭地又玩了一会儿，坚持要回家。

在我的记忆中，后来再出门她就没有再这样做过。出门前她自己会衡量带什么东西，穿什么鞋子最合适。

大家想想看，如果当初她央求我帮她拿东西时，我边唠叨边帮她拿伞、芭比娃娃、包等。结果会是什么样子？很可能她还会一而再，再而三地要带这么多东西出门。为什么？因为她没有体验到自然后果带来的不便。谁帮她承担这个责任了，是我。她体会不深刻，就容易再犯同样的错误。

为什么中国家长最累，就是因为我们控制太多，替孩子包办太多、担责太多，既累又不讨好。有没有孩子经常忘记带书包、带课本，家长总是去学校送，每次送都唠叨抱怨，可孩子总还是记不住，为什么？因为他没有体验到这个自然后果带给他的不便，他不必为自己的行为负责。谁在为他的行为负责？是我们家长。所以，他会屡教不改。

在学习班上，一位男家长给我们分享了他这方面的一个经历：

我的女儿小时候总忘记将作业带回学校，经常让我帮忙送作业。

第一次我帮忙送了，第二次我也帮忙送了，第三次接到女儿的电话，我拒绝了，我跟她说：“我已经帮你送了两次，事不过三，这次无论如何都不能送！”女儿哭着央求，久久也不肯挂电话，说没交作业，老师会取消她的小红花，我虽然心疼，但为了女儿的成长，我坚决说不。

那天晚上，女儿回家后果然闷闷不乐，但是我却看到了这样的场面：女儿仔细地将第二天需要的所有东西，包括她的小水壶、铅笔、橡皮擦、小毛巾、最重要的作业本……一件一件依次摆放在书桌上排顺序，第二天一早上学前，再检查一遍，然后一件件放进小书包，才安心背起小书包出门。

看着女儿小小的身影，我突然感觉欣慰又愧疚，女儿呀，爸爸这样做也只是让你改掉坏毛病，让你的小翅膀一点一点丰满起来。爸爸在一天天变老，而你一天天在长大，爸爸不能总是帮你擦屁股，小时候受点挫折，长大少碰壁。

自从这次教训后，女儿变得有条理了，睡觉前总是将第二天需要的所有东西准备好——这个好习惯一直保持到如今。

看到了吗？其实想要改变孩子丢三落四的坏习惯，非常简单，只要我们家长足够坚定，只要我们不替他承担后果，他们自然会为自己负责。

虽然“自然后果”是帮助孩子自我修正行为的最好方式，但在几种情况下我们不能采用这种方法：

1. 当“自然后果”影响孩子身心健康时。比如我们不能让未成年

孩子开车，去酒吧，不能让年幼的孩子在街上玩。在街上玩，这个自然后果是什么？可能会被人贩子骗走或者被车撞了。这样的情况下用“逻辑后果”会更有效。每当孩子自己跑到街上去时，父母就把孩子抱回家里或院子里。

2. 当“自然后果”会危及其他人的安全时。比如，我们不能允许孩子朝别人扔点燃的鞭炮。所以，对于低年龄段的孩子，我们父母的首要责任就是监护，尽量不让他们离开我们的视线范围，以便他将要做出危及自己或者他人安全的事情时，我们能第一时间冲上去及时阻止，以防危险发生。

3. 当短期看不出什么“自然后果”时。很多时候，孩子的不良行为在短期内根本不会导致什么后果。比如，吃垃圾食品、不刷牙、不洗头、假期不写作业、不遵守约定、赖床等。这个时候，如果运用自然后果，你会感到犹如一记重拳打在棉花团上，绵软无力、没有效果。不是孩子变得狡猾了，而是这个自然后果对孩子来讲，实在不是什么问题。他根本感觉不到，所以也不会产生效果。

十、慎用逻辑后果

大家看，对于下面这种类型的话，你是否陌生？

“你再不收拾玩具，我就不带你出去玩了。”

“你要是再哼哼唧唧的，我就揍你了。”

“你不好好写作业，我就取消你玩游戏的时间。”

“考这么差，这个月的零花钱别想要了。”

……

这些话常常从家长嘴里脱口而出，在接触正面教导之后，一些家长误认为这种话其实就是逻辑后果的运用。恰恰相反，这种做法就是赤裸裸的惩罚、威胁，而非真正的逻辑后果。

真正的逻辑后果要满足四个条件：

1. 后果与行为必须是关联的。比如，孩子骑自行车做危险动作（行为），自行车被你没收（后果），这个后果和行为就是关联的。而惩罚往往与孩子的行为没有直接关系，如孩子因晚回家而被惩罚不许看电视。

2. 后果是和善的。也就是说，这个后果是温和与充满善意的，后果里一定不能包含责骂、羞辱和讽刺等。如果家长在看到孩子受到逻辑后果的教训时，流露出幸灾乐祸或者得意的神情，甚至说：“你看，你不听我的话吧，活该。”这简直就与惩罚无异了。孩子会憎恨家长的反应，也会把逻辑后果看作是家长刻意的惩罚，逻辑后果的价值就丧失了。

3. 后果是适当的。当孩子做了某种行为时，我们强加给他（她）的后果要适当。父母最易犯的错误是总把一些毫无关联的事情扯进来决定孩子要承受的后果。比如，当孩子在白墙上胡乱涂画，我们很容易断定“相关”的后果是让这孩子清洁这个墙壁。但假如我们提出的是不“适当”的要求，我们不但要求孩子清洁被涂写了的墙壁，而且要求孩子把地板也都清理干净，好让这孩子吸取一个足够深刻的教训，那么这也不再是一个“逻辑后果”了。“适当性”最容易被忽略，因为我们有一个普遍的错误观念，认为孩子只有接受了“足够深刻的教训”才会学到东西。

4. 后果是预先告知的。让孩子提前知道，如果他（她）选择了某种行为，他（她）就选择了基于这种行为而产生的后果。因为如果没有提前告知他（她），他（她）很可能感到不服、委屈甚至和你发生争执。有一次，我觉得五岁的女儿看动画片的时间太久了，就要求她关掉，她说要看完这一集才关。我就说：“你今天看电视超过半小时了，明天就看不上了。”结果，她大声向我抗议：“你之前又没有说，凭什么？”我顿时觉得自己理亏，只好等她看完那一集。之后，我们针对看电视的问题做了探讨，制定出双方都同意的规则。记得有一条就是，假如当天看电视超时，明天就不能再看电视了。这个后果就是逻辑后果。

逻辑后果的四个条件缺一不可，如果遗漏了其中一个，就不能再被叫作逻辑后果了。

“逻辑后果”和“自然后果”的相似之处是：后果和之前的错误行为有着直接和明显的因果关系。不同之处在于成人是否参与。在“自然后果”事件中，因和果非常清楚，孩子体验自己的错误或者错误行为就能产生经验教训，成人不必参与。但是逻辑后果是基于孩子的错误行为，由监护人强加给孩子的某种后果，需要成人参与。逻辑后果的意义在于，让孩子明白，承担什么后果不是因为家长生气了，而是因为他自己的选择。人因为自己的选择而产生后果，那么他在面对的时候，也会变得比较平和与易于接受。

有一段时间，我女儿不好好吃晚饭，她变得异常挑剔，晚饭几乎不吃，临睡觉前吃一些零食。当我意识到问题的严重性时，我决定帮她改掉这个坏习惯。我们开了个家庭会议，一致决定晚饭后只有水果，不会再有其他零食。

当天吃晚饭时，女儿依然只吃了一丁点东西，便放下碗筷去玩

了。奶奶忍不住提醒她："今天晚上可是没有零食了哦，你要多吃点。"可女儿不以为然。

晚饭后一个多小时，她过来喊饿。我说："我知道饿的滋味不好受，我相信你能挺到明天早晨。"她争辩说等不了，然后，她跑去厨房踩着凳子要去拿饼干。我狠下心把她抱了下来。她开始大哭，暴跳如雷，愤怒地胡言乱语："凭什么？凭什么我不能吃？你坏，你不是一个负责任的妈妈……我忍不到明天，我快要饿死了……"由于之前我已经做好了充分的心理准备，所以，面对她的哭闹，我一直保持着温和而坚定的态度。这场哭闹持续了大约半小时，最后以她呕吐为止。她从卫生间出来，抽泣着对我说："妈妈，我不小心呕吐到了地板上，你能帮我擦一下吗？我好困。"我说："好的。"当时，我心里非常不确定这样的哭闹会持续几天，但我坚信，只要我坚持执行下去，孩子肯定会改掉不好好吃饭的坏习惯。但令我万万没有想到的是，第二天晚饭，她居然就开始不再挑剔了，她喝了一碗粥，还吃了土豆、西兰花。

我心里甚感欣慰，因为作为母亲，我和大家一样，当看到孩子在那里饿得大哭大叫时，也会心疼与不忍，可为了孩子的健康，我们需要一时的狠心。

请记住，在事情变好之前往往变得看似更坏！因为孩子们已经习惯了我们惯有的回应。当我们改变回应方式时，如我们不再给她零食了，孩子们可能会以夸张(更糟糕)的行为来试图得到他们所习惯的回应。尽管在第一次使用这个工具时，孩子的不良行为可能会加剧，但是，你会注意到，在孩子再次出现不良行为之前，会有一段平缓期。当一个孩子体验到自己的操纵策略不起作用之后，他可能会再次试探——只是为了确认一下是否真的不管用了。我们坚持不懈地使用这个方法，孩子不良行为的强度将会逐渐减弱，不良行为再次出现之前的平缓期也会很长。

孩子察言观色的能力不容小觑，当我们注意维护孩子的尊严、尊重孩子并且态度坚定时，孩子很快就会明白，他们的不良行为不会使自己得到想要的结果，这会激励他们在保持自尊的情况下改变自己的行为。

尽管如此，我还是建议大家在使用逻辑后果时，一定要谨慎。因为逻辑后果这个方法是很难运用的，它常常会变成伪装的惩罚。我们最好还是立足于帮助孩子解决问题，关注于解决问题的方法而非行为后果。这样会激励孩子做得更好。

十一、先连接感情 后纠正行为

下面的这则小故事生动而深刻地诠释了这个工具的内涵和应用。

我永远爱你

一天早晨，小熊阿力早早醒来，他跑下楼梯，来到厨房。他想为妈妈做一顿她最爱吃的蜂蜜吐司早餐。

阿力伸手去拿盛蜂蜜的碗。咣当！妈妈最心爱的碗变成了九片黏糊糊的瓷片！阿力不是故意的呀。妈妈会怎么说呢？

阿力的妈妈正在做晨练。阿力走过去，妈妈问：“早啊，阿力。我好像听到什么东西摔碎了？”

阿力问妈妈：“妈妈，是不是只有我乖的时候你才爱我？”

“我永远爱你呀。”妈妈一边说，一边微笑着，还拉着阿力一起做晨练。

“要是我做了不好的事情，你也爱我吗？”阿力问。

“那我还是会爱你的，”妈妈说，“小宝贝。”

“要是我打枕头仗时，把里面的羽毛都弄出来了，你还会爱我吗？”

“我会永远爱你的，可你必须把所有的羽毛都捡回来。”

“要是我把新买的颜料罐子弄翻了，把小妹妹的身上弄得绿一块、红一块、蓝一块的，你还会爱我吗？”

“我会永远爱你的，可你得给她好好洗个澡。”

“要是我忘了关冰箱的门，结果小妹妹把里面所有的东西都拖出来了，你还会爱我吗？”

“我会永远爱你的，可是喝下午茶的时候我们就不能吃点心了。”

“要是我把奶奶做的麦片粥都倒在头上了，你还会爱我吗？”

“我会永远爱你的，可是你必须再喝一碗奶奶的麦片粥。对啦，今天早晨你怎么总问这种傻问题呢？”

有好一会儿，阿力什么也没说。然后他小声说：“如果我把你最心爱的碗打碎了，你还会爱我吗？”

“你知道，我永远爱你，”妈妈说，“来吧，阿力。该吃早饭了。”

然后他们一起走进了厨房。看到地上的九片瓷片，妈妈惊呼：“哦，不！阿力，这可是我最心爱的碗呀！”

“对不起，”阿力说，泪水从他脸上淌下，“你说过会永远爱

我的。我爱你。”

“我当然爱你呀。”妈妈抱着阿力说。

阿力揩干眼泪，他突然想出一个好主意，匆忙跑回自己的房间，他在房间里到处找，终于找到了想要的东西，然后拿出颜料和画笔……

当再次下楼时，他手上捧着一个彩绘的碗，上面写着“阿力爱妈妈”，碗边的水彩还有点湿呢。妈妈笑着说：“以后这是我最心爱的碗！”

大家想，阿力为什么不停地问妈妈“要是我……，你还会爱我吗？”因为他害怕、担心，当他做得不够好的时候，妈妈是否还像以前一样爱他？这是每个孩子都会担心的问题。为什么？因为我们太习惯给爱加上附属条件了。

“我喜欢专注学习时的你，讨厌你学习时三心二意。”

“我现在不想抱你，你什么时候表现好了，我再抱你。”

“离我远点，考这么差，我看见你就烦。”

“再不听话，我就不喜欢你了。”

……

我们肆无忌惮、随心所欲的这些话给孩子传递了怎样的信息？当他足够好时，我们才爱他。所以，孩子们不知道自己在父母心里有多么重要，不知道父母有多么爱他们本身。他们经常觉得自己不那么重要，他们常常缺乏安全感。

我们如何回应孩子的这种恐惧，这位妈妈在这里表现得近乎完美，她不厌其烦地向孩子保证“我永远爱你”。这样温暖有力的话让孩子逐渐放松，逐渐感到安全。同时她又不忘补充：但是你要对自己的行为负责，尽可能去恢复和弥补。这就是先连接感情，后纠正行为（让孩子学会自己承担自然后果）很好的例子。

为什么很多家长总是抱怨在指出孩子的不良行为后，他不仅不愿意改正，甚至还有抵触情绪。很大一部分原因就是家长和孩子的情感连接断了。请大家记住，不论我们有多少工具和办法，如果我们和孩子之间的情感没有连接上，这些工具和办法都很难有效果。这就是唠叨、抱怨、说教常常无效的主要原因，因为当我们唠叨、抱怨、说教时，孩子和我们的情感没有连接。

下面这个事例很好地显现了使用这个工具时的前后差异。

当欣欣一夜未归第二天早上回到家时，欣欣的妈妈简直气炸了！她怒不可遏地冲到女儿面前，使劲摇晃着欣欣的肩膀咆哮着：“你还知道回来！你昨晚死哪去了？”

“你管不着！”欣欣说着挣脱开母亲的双手，跑回她自己的房间，并摔上了门。

欣欣的妈妈紧跟过去想再跟她理论，却发现欣欣已经把门反锁了，任由她怎么敲打和喊叫，欣欣都不为所动。

欣欣的妈妈顿时感觉到一种深深的无力感！

当她给我描述完这件事情时，我想让她理解“改正行为前，先连接感情”这个关键点，于是，我问她：“你女儿一夜未归，你为什么那么生气？”

我看得出她对这个问题有些恼怒，她肯定觉得莫名其妙，一个十几岁的女孩一夜未归，放在哪个母亲身上都会生气。所以，她不耐烦地回答道：“我当然是因为担心她了！”

“你担心她什么呢？”我又问。

欣欣的妈妈瞪大了眼睛，有些不敢相信似地回答：“我当然是担心她受伤害了！”我可以感受到她已经后悔来找我了，她肯定觉得我这个老师不仅不称职，还有些愚蠢。

可是，因为她还是没有发觉到她的问题所在，我再次追问：“你为什么怕她受伤害？”

她终于忍不住大声回答：“因为我爱她！”

“那你觉得她收到这个讯息了吗？”我坚定地看着她，问了最后一个问题。

欣欣的妈妈一下子愣在原地，过了一会儿，她颓然地跌到了椅子上，脸上满是悔恨和醒悟。

一个星期以后，欣欣的妈妈再次找到我，向我讲述了她是如何把改正错误的两个步骤和“先连接感情，再纠正行为”的方法结合起来的。

在事情发生后的第三天晚上，吃过晚饭后，欣欣的妈妈来到了女儿的房间，用一种关切的口吻问道："我们能谈谈吗？"

欣欣用一种近乎挑衅的语气答道："有什么好谈的？"因为孩子已经习惯了大人对她的态度，所以，她对大人态度的变化还抱着怀疑和戒备心。

由于事先给欣欣的妈妈讲过这一点，所以，她并没有像以前一样被激怒。她决定忽略女儿的不友好态度，并试图走进女儿的内心世界，揣测她的感受："我是来向你道歉的，我觉得前天晚上，当我朝你大呼小叫时，你肯定很难受。"

欣欣一下子被戳中了泪点，她开始无声地抽泣起来。

欣欣的妈妈也感觉鼻子酸酸的，她走到女儿的面前，抱住了欣欣的脑袋，继续说："你可能觉得我太凶了！我一点儿都不关心你。作为妈妈，我确实不够温柔。"

欣欣哭得更厉害了！她肯定觉得自己终于被理解了！同时，她也打开了心扉，带着抽噎的腔调委屈地诉说道："就是这样。每次你都对我凶巴巴的，我感受不到一点爱和关心，我觉得你还不如同学关心我。"

欣欣的妈妈说："是呀，我明白了，尽管我很爱你，可是我表现出来的都是指责、埋怨，那你怎么可能感觉到我的爱呢？"

欣欣僵硬的身体逐渐放松下来，妈妈坦诚温柔的态度终于打动了她。

欣欣的妈妈再次真诚地致歉："真的对不起，我前天晚上不该那样不尊重你，朝你大呼小叫。"

欣欣不再哭了，她用清澈欣喜的眼神望着母亲，积极地回应道："没关系，妈妈，我也应该向你道歉，我那天晚上没回家，让你担心了！其实，我就是在楼下源源家过夜的，她爸妈出差了，她害怕，所以让我陪她，我就答应了。我以为你不关心，所以，也没告诉你。"

欣欣的妈妈心里五味杂陈，她更用力地抱了一下女儿，说道："欣欣，我希望你记住，我真的很爱你。只是妈妈有时脾气太差，而且愚钝，往往把我对你的爱演变成了威胁、指责，妈妈会努力改，你愿意给妈妈一次机会吗？"

欣欣也用力地回抱了一下妈妈，说："当然愿意，妈妈。"

"那么，我们现在来谈一谈晚上回家的问题，好吗？"欣欣的妈妈提议。

欣欣："可以，我们好好商量一下吧。"

母女之间的戒备和敌意终于完全退去，取而代之的是一份爱意和信任。欣欣的妈妈告诉我，自从那次事件后，她和女儿的关系变得越来越亲密。虽然，她有时还会忍不住发脾气，但那不再是无知和肆无忌惮，她会很快修正并改善。

通过这个事例，大家可以思考一下，为什么最后欣欣的母亲能够和女儿沟通成功。这次沟通和她们之间的第一次沟通有什么区别？最大的不同就是，在沟通的时候，欣欣的母亲把爱的讯息传递给了她的女儿。这是确保沟通成功的第一要素。

我们中国人最讲“关系”，其实也是这个意思，关系好了，什么都好说。所以，请记住，改正行为前，先连接感情，把关系搞好是沟通的基础，尽力让你的孩子感受到你的爱。

我们可以根据具体的情况选择属于我们和孩子的“连接”方式。

有时可以是肢体接触：牵手、亲吻、抚摸、拥抱……

有时可以是语言：妈妈 / 爸爸爱你、我在乎你、你在我眼里是最独特的、没有人可以替代你、我不想跟你发生战争、我明白你的意思……

有时可以是一个微笑、一个鼓励的眼神、一次有力的点头、一杯温水……

有时只需要静静坐在他（她）身边……

不管哪种方式，只要你是发自内心地传递你的爱，他（她）就能感受到。一旦他（她）感受到了，你们之间的沟通就会顺畅而积极。

另外，通过这个事例，大家是否发现，孩子的言行就像一面镜子，它能够真实地反映出大人的言行。当欣欣的母亲大喊大叫时，欣欣的声音也毫不示弱；当欣欣的母亲温和体贴时，欣欣也变得乖巧贴心。确实如此，人和人之间的相处方式是相呼应的。尊重带来尊重，不尊重带来不尊重，当一个孩子对父母做出不尊重的言行时，父母应该审视一下自己对待孩子的方式。

我们常常因为孩子管不住自己的行为而生气，可我们没有意识到我们也常常管不住自己的行为。我们恼怒孩子爱生气的时候，我们自己也正在生气。所以，有句话说得好，孩子是帮助我们修行的。在陪伴孩子成长的这条路上，我们慢慢修身养性。

十二、有限制的选择

当我有了第二个孩子之后，我时常发现，第二个孩子要比第一个孩子更受家人的欢迎，大家常常不由自主地夸奖小宝宝：“这个宝宝好可爱呀！”姐姐经常在一旁噘着嘴巴抗议：“难道我不可爱吗？”为什么会这样？其实很简单，我六岁的大女儿就给出了答案。在一次奶奶说“看你妹妹多听话、多乖”后，她有力地反驳奶奶道：“她当然乖了，因为她现在还不懂。你之所以说她乖，就是因为她听你的话，我不听。哼！”这就是孩子真实的想法，多么真实而耐人寻味！因为七八个月大的孩子，大人可以控制得更多，可以替孩子做很多决定。而随着年龄的增长，孩子的自我意识越来越强，她开始独立思考，有了自己的想法，想要摆脱大人的控制和束缚的愿望也越来越强。所以，她所表现出来的言行就会令大人觉得不如小宝宝可爱。归根结底就是因为她不再像小宝宝那样任你摆布，她学会了说“不”。可是，这是很正常的啊！请父母们设想一下，如果我们自己的生活经常由别人来主宰的话，比如每天吃什么、几点吃，每天该干什么，每日看电视的时间或者看哪些节目，应该穿什么衣服，喜欢什么样的时尚等都由别人替我们决定，我们会是什么样的感受？孩子也是一样的。

遗憾的是，很多家长不能感同身受，他们常常打着“为孩子好”的幌子，施行高压政策，包办孩子的生活，包办孩子的思想，孩子稍有不从，便指责、批评甚至打骂。请问，这到底是为孩子好，还是满足自己的控制欲？

这样的做法，对孩子今后的人生，弊端颇多。毕竟，父母不可能为孩子负责一辈子，更不可能为孩子做完所有属于他们的人生选择。而孩子一旦在成长道路上，被剥夺了学习选择的机会，就很容易变得优柔寡断、缺乏担当、胆小怕事、没有主见、依赖性强等，这样的孩子，长大之后，又如何能够自如、自主地面对人生？所以，在生活当中，随着孩子年龄的增长，我们应该慢慢放手，给孩子越来越多的选择权和决定权，直至成年后，我们可以完全放手。只有这样，孩子成年后才能更好更快地掌控自己的人生！所以，在生活中，我们不妨把对孩子的要求变成给孩子提供选择，当孩子们不回应要求时，他们常常会回应选择。

那么，如何让孩子做选择呢？在这里，教给大家一个方法：有限制的选择。让孩子在一定范围内进行选择，可以有效和巧妙地避免孩子和父母发生争执。那具体该怎么做呢？

（一）根据孩子的年龄和能力，给孩子提供选择的项目

一般情况下，年龄越小的孩子，提供给他的选择项目越少，因为他的能力还不足以处理更多的选项。给孩子过多的选项，反而会让他手足无措。比如，5岁以下的孩子提供给他两个选择项目；一二年级的孩子提供3或4个选择项目；青少年可以在家庭规则或准则中进行选择。

（二）给孩子提供的选择项目一定是自己可以接受的

只要是父母提供的选择项目，无论孩子做出何种选择，父母都不能对孩子选择的结果产生异议。否则，孩子会觉得非常不公平和不服气。所以，在父母给孩子提供选择项目时，自己要问问自己，这些项目自己是否都能接受，如果接受不了，就不要把它放到选择之列。

（三）对于孩子自己提出来的选择，灵活处理

有时候，孩子不愿意要你给出的任何选择，他自己提出来一个另外的选择，那么，如果这个选择是你能接受的，就可以答应，这样会让他觉得更有掌控感和愉悦感。如果是你不能接受的，你就说："这是一项无效的选择"或者"这项选择我不能接受"。然后，再重复一遍你给出的选择，或者在时间许可的情况下，允许他继续寻找别的选择，直至你能接受。

比如带孩子去游乐场玩，你问他："你是再玩10分钟还是15分钟？"

他回答"再玩18分钟。"

如果这个答案你能接受，就可以帮他计时十八分钟。

（四）提供选择时，最后可以加一句“你来决定”

父母说完选择项目后，加上一句“你来决定”，会让孩子感受到父母的对他的尊重和重视、让他们觉得自己有能力掌控一些事情。

（五）必须完成或者阻止的事情，可以变通地提供选择

在日常生活中，有许多事情，是父母必须要让孩子完成的事情，比如：去上学、完成作业、收拾自己的玩具、穿合适的衣服、吃营养均衡的饭菜、做一定的家务、按时睡觉、准时起床等。也有很多事情，是父母必须要阻止孩子去做的，比如：长时间地玩电子游戏、无节制地看电视、对人不礼貌、喝碳酸饮料、过度消费、享用垃圾食品等。这些事情不能有选择，但你可以在这个总原则下，提供一些完成它们方式的选择，以便他们能够更好地配合。

例如：你是晚饭后做作业还是晚饭前做？

你要穿印有恐龙图案的睡衣还是印有米老鼠图案的睡衣？

你是现在收拾玩具还是看完电视后收拾？

你要酸奶还是要果汁？

你是要爸爸帮你喂药还是妈妈？

你在弹古筝前是听一个故事还是两个故事？

你是选择每天玩半小时电子游戏还是周末玩两个小时？

你觉得是月初给你零花钱好还是月中好？

这周，你是选择刷碗还是倒垃圾？

今天洗泡沫浴还是淋浴?

……

通过上述的事例，大家可以看出，让孩子参与选择最大的好处就是培养了孩子为自己负责的意识。因为选择和责任直接相关。为什么很多成年人在家庭或者单位不敢说出自己的选择，不敢决定一些事情，很大一部分原因是因为他怕为自己的选择造成的后果承担责任，缺乏担当精神。我们如果想要一个敢担当、有主见、有决策力、有执行力、生存力强的孩子，我们一定要该放手就放手，在不影响原则的前提下，尽量让他选择和决定自己的事情。

第五章 正面教导方法之具体运用

一、撒 谎

很多家长受“三岁看大，七岁看老”这句话的影响，在面对孩子的谎言时，往往表现得过于紧张和生气。特别是看到这个谎言漏洞百出，孩子还吃力且笨拙地为它辩解时，家长更是难以压抑心底的怒火。例如当孩子信誓旦旦地说他没有碰过爸爸的颜料，而他的手上、脸上、身上全是证据时，家长听到这样明显的谎话的确会非常生气。

我们对孩子撒谎往往是难以容忍的。可是，请大家回想一下，在你的童年，你是否撒过谎？我问过很多人，我找不到一个小时候没有撒过谎的成年人，包括我自己。我印象最深刻的就是小时候，有一次偷吃家里的糖果，当家里人质问我“有没有偷吃”时，我一边哭一边斩钉截铁地辩解“没有，真的没有”。可滑稽的是，一不留神，糖果就从我的嘴里滑了出来。类似的事情，我担保不止发生过这一次。可这并不妨碍我长大后成为一个诚实正直的人。实际上，即便作为成年人，从不撒谎的都不多。所以，我们因为孩子连我们自己都没有做到的事情而生气，难道不是很好笑吗？当然，我并不是为撒谎开脱，而是为了缓解大家对孩子撒谎的恐惧和担心，同时，也希望大家明白，撒谎的孩子并不是不道德的，千万不要给他们下“坏孩子”的定义。我们需要做的是，搞清楚孩子撒谎的原因，帮助他们改掉。

一般而言，孩子有意撒谎，一般是由以下几个原因导致的：

（一）犯错后害怕被训斥或惩罚

美国著名儿童心理学家基诺特分析儿童撒谎的原因时说过：“撒谎是儿童因为害怕说实话挨骂而寻求的避难所。”哲学家罗素也说过：“孩子不诚实几乎总是恐惧的结果。”确实如此，孩子犯了错，有过几次被训斥、被惩罚的经验，当再犯错误时，人的本能保护主义，就容易促使他捏造谎话来掩饰错误。

（二）受大人言行的影响

父母是孩子的第一任老师，父母的言行对孩子有着深刻而长远的影响，如果家长有撒谎的行为，孩子也会效仿。所以，当孩子说谎时，父母要反思，是不是自己给孩子树立了一个反面的榜样。告诉孩子要说“实话”，却在领着孩子坐火车时要求孩子故意曲腿来逃避买票，这本身就是在教孩子撒谎。

（三）为了取悦父母

中国的父母往往都有一种“生存恐惧症”，折射到孩子身上，就是高期望、高要求、高目标，如果孩子表现得好，家长就会很高兴，甚至到处炫耀，并满足孩子的一切要求；如果孩子没有达到期望就会嫌弃孩子、训斥孩子。长此以往，孩子就摸清了父母的心思，为了取悦父母而学会了说谎。孩子涂改分数就是最好的一个事例。

（四）为了引起别人注意

有些孩子各方面表现平平，很少得到家长和老师的表扬，在同学中也不引人注目，但他们内心特别渴望获得别人的肯定和艳羡的目光，于是，他们就学会了说谎。比如8岁的小佳就是这样一个毫不起眼的孩子，为了引起大家的注意，他谎称假期父母带他去国外看了大海，还坐了飞机和大轮船，同学们都围着他好奇地问这问那，在大家羡慕的眼光中他得到了一种被重视感和存在感。

一般而言，撒谎是低自尊的一种表现，他们想在别人面前显得更好，因为他们不知道自己本来已经足够好了。所以，我们应该怎么做呢?

正面管教可以这样做

（一）杜绝打骂和惩罚

如前面所说，父母的专制、严厉往往是孩子谎言的温床。不要用严厉的惩罚来威胁孩子，这个办法往往会让孩子因为恐惧而说更多的谎，促使他变得更加狡猾，以便不被你发现。

想要孩子诚实，首先就要营造一个没有威胁的环境，让孩子们感到说实话是安全的。

（二）使孩子相信，错误是帮助他们进步的宝贝

找一个合适的时间，和孩子好好谈谈关于“错误”（参考第四章）的正确认知，让孩子知道自己对“错误”的理解和态度，并使他们相信错误是帮助人们进步的宝贝。这样，他们就不会因为认为“错误是可耻的”而去掩盖自己的错误了。

（三）表达我们无条件的爱

前面说过，父母的高期望、高要求、高目标会促使一部分孩子学会撒谎，因为这个原因造成的撒谎，父母应该深深地反思，放低要求，调整心态，允许孩子不完美，同时，改变自己的言行，无论孩子表现好与坏，考分高或低，你对孩子的方式不变。要让孩子们知道，父母是无条件爱他们的。很多孩子就是因为害怕父母失望，害怕父母不开心而去撒谎。

（四）言传身教

想要让孩子拥有诚实的美德，自己一定不能在孩子面前说谎，或说话不算数，欺骗孩子。言传身教是最有力、最直观的一个方法。

（五）当孩子说了实话时，要表达赞赏和感激

“谢谢你对我说实话，我知道这很不容易。我很乐意和你探讨从这次错误中能学到什么。”

“你能够诚实地说出来，说明你是一个敢于为后果负责的人，我很钦佩这点，我相信你能处理好。”

为什么我们不鼓励惩罚，因为惩罚往往只是告诉孩子做错了什么，但到底该怎样做，孩子不清楚；表达赞赏是告诉孩子做对了什么，孩子会向你赞美（奖励）的方向发展。而这些，不管好的还是坏的，对于孩子，都是一个强大的心理暗示。

所以，你想让孩子拥有哪些优秀品质和良好习惯，就要想方设法促使他把这方面的行为表现出来，好的行为出现的次数越多，习惯就越牢固，习惯一牢固，品质便烙印在孩子身上。

（六）不要问那些容易激发孩子说谎的陷阱式问题

陷阱式问题是指你已经知道答案，可是你却装作不知道，然后一步步套问孩子的问题。孩子讨厌被父母质问，特别是在他们怀疑父母已经知道答案的情况下，他们感到羞耻，可能宁愿选择笨拙的谎言，也不愿尴尬地坦白。其实陷阱式问题就是在诱使孩子撒谎。我们不应该扮演侦探和检察官的角色。这除了显示自己无知的聪明外，不能给孩子带来任何好处。

例如，明明看见儿子踢翻了垃圾桶，还故意问："谁踢翻了垃圾桶？"或者，知道女儿今天没有完成作业，还继续问："你的作业完成了吗？"如果我们换一种说法，一定会更好一点："我看到你踢翻了垃圾桶。"或者，"我发现你的作业还没有完成。"

简而言之，我们不能故意激发孩子说谎，我们不能有意制造让孩子撒谎的机会。其实，换位思考，你已经知道答案却装作不知道，然后还去套问孩子，这本身是不是也是不诚实的表现？就像我们告诉孩子“千万不要撒谎，说谎的孩子鼻子会变长”，这句话本身就是一个谎言。

（七）专注于解决方法，而不是指责和说教

当孩子说谎时，我们不应该充满指责和说教，而是要结合实际，就事论事。我们要避免问一些伤害性的问题。例如：

“你怎么这么不自觉？”

“你为什么总是忘记我告诉过你的话？”

“你为什么这么自私小气？”

“你为什么总是三心二意？”

“你怎么这么懒惰？”

这些评判孩子人品的话语会激怒孩子，激发孩子的反抗心理。我们无权对孩子的品格下定义，我们只需专注于解决方法即可。如：

“我注意到你看电视的时间已经超过半小时了，请你遵守我们的约定。”

“我告诉过你，你一收拾好玩具，我们就出门。”

“蛋糕是全家人一起分享的，是你分还是我来分？”

“要么选择先吃香蕉，要么选择先写生字，你来决定。”

“我看到你的房间还没有打扫，我们怎样才能完成这些家务活呢？”

（八）不要逼迫孩子回答他不想告诉你的秘密或隐私

有的时候孩子不愿意把自己的秘密或者隐私说给你听，但是你非要去打探，这会逼他编造谎言来敷衍你。

（九）忽略孩子的谎话

有的时候，孩子说谎常常是无意的，特别是一些年幼的孩子，他们常常不知道怎么表达事情的严重性。为了引起重视，他们就夸大其词，家长不必较真。

有一次，我四岁的女儿因为困意太浓，早晨不想起床上幼儿园，就哭着喊：“我一夜都没睡着。”我同情地说：“那你肯定很困。”她呜咽着说：“嗯，我真的很困。”我问：“那你觉得我要拥抱你几次，才能赐予你力量让你能起床穿衣？”她说：“三次吧。”然后，我用力地拥抱了她三次，她乖乖地起床了。

（十）有的时候，只是幻想而非谎言

孩子的想象力总是天马行空，有的时候，他们说出的话只是幻想而非谎言，他们只是用幻想来弥补现实生活中的渴望和不足。例如，我的女儿曾经告诉我：“妈妈，我真的有魔法，我可以变出王冠。”我没有想着去拆穿她的谎言，我只是说出来她的愿望：“哦……你希望拥有魔法，可以变出一顶美丽的王冠。”“是呀，那样我就可以变成真正的公主了。”“嗯，这个想法不错，你变成真正的公主以后，想做些什么呢？”

当你确定孩子的话只是幻想时，不妨启发孩子展开想象力的翅膀，编造一个有趣的小故事，这要比你当场揭穿他好得多。

（十一）善用故事作为引导的方式

对于孩子而言，生动有趣的故事要比刻板的说教更能打动他的心灵，父母平时可以收集一些有关撒谎的故事来讲给他们听。

例如伊索寓言里的经典故事《狼来了》，就是让孩子明白：谎话说多了不仅没人再信任他，而且还可能给自己带来伤害；还有绘本故事《说谎虫》能让孩子从中体会到：说了一个谎，就得用更多的谎话去圆，其实是更痛苦的。而《谎言小精灵》则借助温馨的图文，让孩子体会主角说谎时内心有不安与挣扎，并在最后终于承认自己弄坏了珍珠项链，然后感到如释重负的过程，就像列宁打碎花瓶的故事一样，反映出了人们说谎时可能会有的心情，也能帮助孩子了解，勇于面对错误、承担后果，才能获得别人的原谅与自己内心的宁静。

（十二）允许孩子说出真话

为什么孩子会撒谎，他们撒谎有时是因为他们不被允许说出真相。

五岁的静静气呼呼地冲进卧室，对着她的爸爸抱怨道："我讨厌奶奶。"她的爸爸大吃一惊，赶紧接口道："你怎么能这么说你奶奶呢？她年纪这么大了，还来帮我们做家务，照顾妹妹，我们应该感激她才对。"

可是静静不为所动，她仍然大声吼道："我就是讨厌她，我不想让她住在这个家。"此时，她的奶奶就在客厅听得一清二楚，她的爸爸又急又气，再次厉声斥责她：“不准这样说你奶奶，你再说，我就揍你。”

静静不敢吭声了，气鼓鼓地坐在一边。过了一会儿，她的爸爸又逼迫她向奶奶道歉，让她说她喜欢奶奶。静静在爸爸的威逼下，走到奶奶身边，对奶奶说：“对不起，奶奶，我不讨厌你，我喜欢你，我真的很爱你。”静静得到了什么样的回应呢？奶奶的赞扬和亲吻，爸爸的拥抱以及送礼物的承诺。

这种前后家长态度的变化让静静学到了什么？说真话是危险的，不仅受到训斥，可能还会挨揍。说让大人喜欢听的假话，不仅可以得到赞扬，而且可能得到礼物。如果这样的观念再加以巩固，她有可能就变成一个“讨好者”，一个爱撒谎的人，一个失去自我总是取悦别人的可怜虫。

如果静静的爸爸希望静静拥有诚实的美德，那么，他该怎么回应静静的抱怨呢？

他首先应该接纳静静的感受：“哦，你不喜欢奶奶了。能告诉我，她做了什么事让你那么生气吗？”他可能得到这样的回答：“奶奶总是说我不如别的小朋友乖。”这样的话语背后隐藏了一颗多么受伤的心灵！如果我们只愿听让人愉快的真话，不愿意听让人不舒服的真话，怎么可能了解事件背后真正的原因，从而及时给孩子进行心理疏导呢？

类似的事例还有经典的分苹果故事：

美国一位心理学家为了研究母亲对人一生的影响，在全美选出了50位成功人士和50名有犯罪记录的人，分别给他们去信，请他们谈谈母亲对他们的影响。其中有一封信谈的是这样一件事：分苹果。

一个来自监狱的犯人写道：小时候，有一天妈妈拿来几个苹果，大小不同，我非常想要那个又红又大的苹果。不料，弟弟抢先说出了我想说的话。妈妈听了，瞪了他一眼，责备他说："好孩子要学会把好东西让给别人，不能总想着自己。"于是，我灵机一动，立即说："妈妈我想要那个最小的，把最大的留给弟弟吧。"妈妈听了非常高兴，把那个又红又大的苹果奖励给了我。

这件事对我的触动特别大，我从中得到一个体验：谎言可以得到实惠，谎言比真实更有效。从此，我学会了说谎、偷窃、抢劫，一步步走上了犯罪的道路。

妈妈在一件小事上不经意的做法，导致孩子走入了歧途，成为罪犯，这可能是这个妈妈或千千万万个父母绝对没有想到的。所以，如果我们想要培养孩子诚实的品质，就一定不能压制孩子真实的想法，我们要让他知道，在自己面前说实话是安全的，即便他们忘记了这一点，我们也应该温柔和充满关爱地提醒他。而且我们要让他确信，即使他的想法是消极的、悲观的、错误的、不合理的，甚至充满恶意的，我们也永远爱他并愿意帮助他克服。

故事分享

难以忘记的三块巧克力

故事发生在一个普通的家庭。

一天，孩子放学后在客厅里玩篮球。正玩得起劲的时候，不慎用篮球打落了书架上的花瓶，花瓶“咚”的一声重重摔到地板上，瓶口摔掉一大块。让孩子更为恐惧的是，这个花瓶不是普通的摆设品，而是家里世代相传的古董。为了掩盖自己闯下的弥天大祸，孩子慌乱地把碎片用胶水粘起来，胆战心惊地放回原位。

由于每天都会亲自擦拭花瓶的灰尘，所以当天晚上，细心的母亲就发现了花瓶的“变化”。吃晚餐时，她问孩子是不是他打碎了花瓶。害怕受到惩罚的孩子灵机一动说：“一只野猫从窗外跳进来，怎么赶也赶不走，它在客厅里上蹿下跳最后碰倒了架子上的花瓶。”母亲很清楚孩子在撒谎，因为每天都是她在上班前把窗户一扇扇关好，下班回来再一一打开的。然而面对孩子胆怯的眼神和家人疑惑的目光，母亲只是不动声色地说，看来是我没关好窗户。

就寝前，孩子在床上发现了一张便条，母亲让他马上到书房去。本以为蒙混过关的孩子顿时心里一沉，看来还是难逃一劫。既然已经撒了谎，他打定主意无论母亲说什么都抵死不承认。这样母亲就是发再大的火，也拿他无可奈何了。

书房里，橘红色的灯火柔柔地洒过来，母亲的脸沉浸在光晕中，非常平静，没有一丝波澜。看到孩子忐忑不安地推门进来，她从抽屉里拿出一个巧克力盒，把其中一块巧克力递给孩子："孩子，这块巧克力奖给你，因为你运用神奇的想象力创造出一只会开窗户的猫，以后你一定可以写出很好看的侦探小说。"

接着，她又在孩子手里放了一块巧克力："这块巧克力奖给你杰出的修复能力，虽然用的是胶水，但是裂缝吻合得几乎完美无缺呢。不过记住，你用的胶水是用于修复纸质物品的，修复花瓶不仅需要更强力的胶，还需要更高的专业技术。明天我们把花瓶拿到艺术家那里，看看他们是怎么样使一件工艺品完好如初。"

母亲一边说着，一边拿起第三块巧克力："这是最后的一块巧克力，表达我对你深深的歉意，作为母亲，我不该把花瓶放在那么容易掉落的地方，尤其是当家里有一个热衷体育的男孩的时候。希望你没有被砸到或吓到，我的小甜心。"

"可是，妈妈，我……"孩子之前那颗叛逆的心早就飞到九霄云外。他努力想解释些什么，然而只是笨拙地吐出几个字。母亲用手指轻轻挡在孩子唇上："我的巧克力盒子已经空了，所以我们的谈话也结束了，现在去睡觉，晚安。"她温柔地吻了孩子的前额，

然后走出书房。

之后的日子，一切照旧，唯一的变化是孩子再也没有撒过一次谎，每次他不由自主地想要撒谎时，那三块巧克力就会立即浮现在眼前。

二、偷　窃

当你发现孩子有偷拿行为后，你一般会怎么做？我发现很多家长常常反应过度。他们先是夸张地给孩子安一顶“小偷”或者“骗子”的帽子，然后严厉地指责和警告，甚至是体罚或者关禁闭。他们认为只有足够严厉并对他进行羞辱，才能防止他以后成为惯偷。真的如此吗？

请问，有多少个家长在小时候没偷过东西呢？回想小时候，我偷吃过家里的糖果，偷偷摘过邻居家的甜瓜和葡萄，和小伙伴们相约一起偷爬到高高的柿子树上摘柿子。在那个物质匮乏的时代，这些不常见的食物充满了诱惑，而且也觉得偷吃的过程是那么有趣、好玩和惊心动魄。你是否也有过类似的情景与心情呢？据我所知，我小时候的那些玩伴，以及现在身边的亲人和朋友，都有过类似的经历。实际上，绝大多数成年人小时候都偷过东西。那么，现在的你、现在的我、现在的他们，又是一个怎样的人？是个反社会分子？是一个不折不扣的小偷吗？我相信都不是。当我们一起谈到小时候的这些故事时，大家都说得眉飞色舞，欢快无比，为什么没有了之前的紧张和过激反应了呢？因为我们知道几乎每个人都有这么一个时期，并且我们已自然而然地度过了这段时期。你的孩子也是如此，绝大多数孩子都至少偷过一次东西。当然，我这样说，并不是为偷窃寻找正当理由，只是为了缓解大家的紧张和恐惧，偷窃并没有那么严重和罪恶。我们需要做的是帮助孩子体面地解决这个问题。

正面管教可以这样做

（一）帮助孩子建立规则和物权概念

孩子在年龄小的时候，往往搞不清楚东西的所有权和使用规则。他们常常会误以为只要是他们喜欢的就可以得到，他们的世界真的是一个“共产主义社会”。“凡是我看见的就是我的，凡是我拿到的就是我的，凡是我喜欢的就是我的，我的是我的，你的也是我的”，曾经有人这样风趣地诠释3岁小孩的心态。所以，我们常常会看到很小的孩子在商店里随手拿东西往口袋里放，两个孩子哭闹着争抢玩具。这个时候，就是我们帮助孩子建立规则和物权概念的好时机。我们可以威严而坚定地告诉他：“你希望把饼干留在你的口袋里，但是它必须被放回到架子上去。”或者说：“玩具不是你的，应该还给他。”如果孩子拒绝这么做，我们就要自己动手把饼干从他口袋里拿出来，说：“饼干是商店的，它应该留在商店。”或者我们把玩具从他手中拿回，还给另外一个小朋友，等到他停止哭闹时，告诉他：“别人的东西不能随便动，更不能随便拿。必须征得小朋友的同意后才可以玩，而且玩完后要立即还给小朋友，并要谢谢小朋友。”

这个概念在家里也要贯彻，比如这是爸爸的工具箱，这是妈妈的手提包，未经允许不能随便动。我遇见过一位家长，当她发现孩子从抽屉里拿了钱后，大惊小怪，严厉斥责，称呼孩子为“小偷”。当我问她：“如果孩子偷拿了家里的馒头，去喂外面的流浪猫。你会认为孩子是小偷吗？”她一脸惊奇，说：“当然不会。”“那为什么拿家里的钱就是小偷了呢？”我问。她嗫嚅了半天，说：“那不一样。”我笑了笑又问她：“你之前有没有告诉过孩子，家里的物品哪些是可以随便使用的，哪些是不能随便动的？”她摇了摇头。

其实对于年幼的孩子而言，家里的东西都一样。既然馒头可以随便拿，那放在抽屉里的钱也是可以随便拿的。实际上，这种懵懂的行为还称不上“偷窃”。关键是我们在平常生活中，要注意给他传输一个观念：物品是有所有权的，未经主人同意，不能随便动用。而且，我们要把这个观念具体化，比如家里的东西，哪些是公共的可以随便使用，哪些是私人的不能随便动用，属于孩子的东西，尽量让孩子自己管理，父母不要随心所欲地处理，要听从孩子的意见并尊重孩子的决定。我们成年人需要耐心地、反复地向他们解说“我的”和“别人的”之间的差别，带动孩子用交换、轮流的方式学会分享，并且以身作则向孩子展示怎样尊重他人的物权、怎样征求他人的意见。如果一直这样坚持，慢慢地，孩子就会建立良好的规则和物权意识。

（二）不要问已经知道答案的圈套式问题

当你确定孩子从你的钱夹里拿了钱的时候，不要试图问一些圈套式的问题给孩子挖陷阱。比如：“我发现我的钱包里少了十元钱，你知道谁拿了吗？”或者问：“是你偷拿了吗？”这样的问话通常会逼得孩子随口编瞎话，而这会使我们更加生气和感到受伤害。如果已经知道答案，不如直截了当、开诚布公地告诉他：“你从我的钱包里拿了十元钱，我希望你还给我。”当孩子还回来时，我们应该跟孩子说：“如果你需要钱，过来跟我说，我们可以想办法的。但是偷拿，绝对不允许。”如果孩子否认拿了钱，我们不要和孩子争论，也不要威胁或者恳求他坦白，我们只需威严地说：“你知道我已经知道了，你必须把钱还回来。”为了缓解孩子的尴尬和犹疑，我们还可以告诉孩子：“小时候，我也有过一次，我偷拿了家里的钱去买零食。当时我很害怕和内疚。你这么做的时候，有什么感受？”这样的问题可以帮助孩子放松下来，快一些面对自己的错误。

（三）千万不要给孩子贴一个“小偷”或者“骗子”的标签

在我的第一本书《孩子，这就是我给你的爱》里，我详细讲述了给孩子贴“负标签”的坏处。在此，我还要重申，当我们发现孩子有偷窃行为后，千万不要把孩子称作小偷或者骗子、说谎的孩子等，这些词语都是非常不好的“负标签”，它会给孩子一个强大的心理暗示，使孩子在内心认定自己就是坏孩子、小偷、爱说谎的人，这种定义可能会逼迫他沦为一个真正的惯偷或者谎言家。

（四）专注于补偿方式

如果孩子偷了东西，要把精力集中在指导孩子如何把东西还回去或者如何用钱进行补偿，而不是指责、羞辱或者打骂。把东西还回去时，如果孩子需要，家长要提供支持。比如和孩子一起去幼儿园归还玩具并道歉，还要告诉孩子：“纠正错误也许会有些尴尬，但这也是有勇气的一种表现，你知错能改，我很钦佩这一点。”一般而言，大人对孩子都会比较宽容，当孩子们愿意承认错误并努力改正时，失主通常都会夸奖孩子，而这也是对孩子的一种正面鼓励。

如果孩子偷拿了钱并且已经花出去了，那么谈话的内容应该集中在补偿方式上，比如做家务、从零花钱里扣除等。当然，如果孩子偷拿了别人的东西并且已经毁坏，家长可以先拿出一笔钱进行补偿，回到家后再和孩子制订一个他能承受的还钱计划。千万不要逼迫孩子承担超出他能力范围的负担，这可能会导致他做出傻事。

（五）不要惩罚和羞辱

我接待过一个10岁的男孩，他的经历令人唏嘘。他在7岁刚上一年级的时候，有一次忘记带铅笔，向同学借，同学没给他，他就自己拿走了讲台上老师的铅笔。自此后，这个老师就鼓动全班同学喊他“小偷”，还美其名曰：“这样，以后他就不敢偷东西了。”可结果呢，这个孩子偷东西越来越上瘾，最后被劝退。而这个老师还大言不惭地最后总结：“我早说过他是小偷，他就是改不了。”

我为这个孩子的经历痛心不已，我想起了一则令人深思的笑话：

> 一个杀人犯死后被打入十八层地狱，伤心得不得了。正在伤感之际，忽然听脚底下有人唉声叹气。杀人犯很吃惊，就问：“下面什么人？你住在什么地方？”下面的人回答：“我是教师，住在地狱的第十九层。”杀人犯更吃惊了，说：“不是地狱只有十八层吗？怎么出了个第十九层？杀人就是最重的罪了，你的罪难道比杀人还要重吗？”那人说：“这你就不知道了，人有两条命，一是性命，二是慧命，杀性命只伤肉体，杀慧命毁掉的可是灵魂啊。就因为我生前误人子弟，杀了许多孩子的慧命，所以就被打到第十九层了。”

确实如此，我们的教师队伍良莠不齐，很多人从来没有接触过教育学、儿童心理学等学科，传授学科知识还勉为其难，可让他去育人，真的是令人担忧啊！就像上面事例中的男孩，活生生毁在了这个无知的老师手里啊。我常常想，如果老师上岗前能接受一下培训，家长生孩子前接受一下培训，那我们的孩子将会幸福很多。

（六）给孩子适度的零花钱

有的时候，孩子偷拿家里的钱，是因为他没有一点支配钱的权利，偷是他能得到自己特别想要的东西的唯一办法。所以，每个家庭应根据自己家的财政情况，适当地给孩子一些零花钱，确保孩子的零花钱能够支付他们的正常开支。至于如何教孩子合理使用零花钱，请参考下一章节“零花钱”。

（七）确保把爱的信息传递给孩子

很多时候，习惯秘而不宣拿别人东西的孩子，不是真的对拿来的东西感兴趣，而是在通过这个行为，索要他平常得不到、对他来说又是至关重要的那些宝贝：父母的爱和关注。所以，当我们发现孩子总有偷窃行为时，我们应该先反思一下，我们除了关心孩子的学习成绩之外，我们是否关心过孩子的内心世界？是否愿意花时间跟他在一起玩耍、交谈？是否常常向他表达我们对他无条件的爱？当他有好的表现时，我们有没有给他肯定和赞赏？抑或只有当他犯错误的时候，我们才给他特别的关注？如果是后者，那么孩子的确感到必须保持他的这个坏习惯，因为这是得到我们关注的唯一途径。

我认识一个男孩，家里经济条件非常好，父母给他的零花钱也足够多，但他就是喜欢偷东西，而且每一次“偷”，必定被捉到。很多时候，他偷的东西，他家里不仅有好多，而且家里的任何一款都比他偷来的要好，他的父母很不解。后来，通过交流才知道，他索求爱的方式就是“偷”，正如他所说，只有在这个时候，父母才会出现；只有在这个时候，他才会感受到父母还是关心他的，哪怕回去被揍一顿，他也心甘情愿。这个孩子的父母一年365天，几乎天天在外面忙碌，这个孩子就是两个保姆带大的。我告诉这对父母，如果你们再继续这样忙碌下去，你们极有可能收获一个偷窃成瘾的心理不正常的孩子。现在，他极需要的是关爱和陪伴。也只有父母的陪伴和呵护才能帮助他纠正这个不好的行为，任何人都无法替代。

我们经常看新闻报道会发现，很多事业有成、家庭美满的成人，背地里却是一个偷窃成瘾的人。追溯原因，大都是因为他们小时候缺乏亲情关爱。

（八）平时多观察孩子的言语和行为

家长要随时通过倾听孩子的语言和观察孩子的行为，来发现孩子周围环境的变化和行为的变化。孩子的内心变化一般会同时伴有行为变化。如一个听话的孩子突然变得敏感和偏激，一个平时活泼好动的顽皮孩子突然变得很乖，很听话，不再出去疯，也不再出去找小伙伴玩，眼神犹疑躲闪，要钱的次数和借口多了起来或者出现偷窃行为，那么说明这个孩子肯定遇上了什么问题而又不敢和父母交流。此时细心的父母如果能很好地和孩子交流，就会发现孩子是遇上麻烦了。

故事分享

一位父亲是如何处理孩子偷窃的

我的一位好朋友，曾跟我讲起过一件他小时候“偷窃”的事情。幸运的是，他有一位智慧的父亲。

4岁多的时候，爸爸带着他去一位叔叔家玩。他很快被叔叔家小哥哥房间里的小飞机模型吸引了，玩了一会儿觉得特别喜欢，真的很想要，于是趁大家不注意就偷偷揣起来了。跟爸爸回家的路上，他心里特别纠结、特别难受，实在忍不住还是跟爸爸“坦白”了，说自己偷拿了人家的小飞机。爸爸沉默了一下。

他至今清楚记得爸爸当时短暂的沉默，和自己站在路边害怕至极的情景。然后，爸爸态度很温和地对他说：“咱们一起回去把小飞机还给叔叔吧，你想要的话，可以跟爸爸说，我们一起想办法。”于是他极不情愿地跟着爸爸回去送还小飞机，心里既舍不得又羞愧得不行，似乎还害怕得哭了。

爸爸只是很平静地回去跟人家解释说：“不好意思，孩子不小心拿走了小玩具，现在送回来。”事情就这么过去了。他没有受到任何责备。爸爸也没有将此事再告诉别人。

这件事让他印象深刻，讲起此事，他一面回忆着父亲的温暖，一面跟我讨论父亲处理此事的用心。

这位智慧的父亲，他都做了什么呢？

首先，自始至终都不曾使用“偷”这样的字眼去形容孩子的行为。

因为孩子的是非观念是通过听取父母的评价、观察父母的反应而形成的。不轻易给孩子贴上负面的标签，不夸大孩子的错误，是对孩子的保护。

其次，保证稳定的情绪，平静认真地想好最适合的解决方法。不责备，不打骂，不多说教。

在得知孩子“偷拿”了别人家的东西时，父亲并没有立刻怒不可遏地非打即骂，也没有立即苦口婆心、长篇大论地讲道理，而是让自己停下来想了想，再用最简单有效，最和缓、最适宜的方式应对这件事。

紧接着，用直接的行动给孩子正确的示范和引导。

其实孩子心里知道拿别人的东西是不对的，所以，其实孩子需要的并不是孰是孰非的大道理，而是需要从错误中学会在同样的情况下什么才是正确的做法。

我朋友的父亲，只简单说了两句话，一是“一起还回去”，这是从错误中学习正确的改正方法；二是“你想要的话，可以告诉爸爸，咱们一起想办法”，告诉他获得自己想要的东西的正确途径。

最后，还需要记得的一点是：事情过去了，就是过去了，不反复追究，不随意转述，保护孩子的自尊，给予孩子最大限度的尊重。

孩子虽然还小，但已有了自尊感和羞耻心。见证孩子犯错的当事人，要能站在孩子的角度，想到孩子一定不愿让自己不好的行为被更多人知道，即使是家里人。所以，不再向别人转述这件事，就是对孩子自尊的最好呵护。

三、零花钱

最近，有位家长向我大倒苦水，说她的孩子胃口越来越大，要的零花钱越来越多，从每次10元到每次20元、50元、100元，而且她发现，她的儿子好像永远处于零花钱不够花的状态，给的零花钱当天几乎就花光，花光就向父母要。这让他非常烦恼。

确实如此，父母给孩子零花钱，最忌讳的就是孩子要多少，自己就给多少；什么时候来找父母要，就什么时候给孩子零花钱。这样一来，孩子就会养成在最短的时间里，把自己的钱花掉的坏习惯，而且还会在不知不觉中养成大手大脚的习惯。

还有些家长为了防止孩子养成乱花钱的毛病，干脆就不给孩子一点零花钱。他们说，孩子需要什么，就向他们要，他们觉得合理的，自然会给买，不合理的直接拒绝。这样的做法，目标虽好，可结果往往令家长失望。因为人人都需要钱，每个人都渴望有一定的支配金钱的权利。可是父母的这种严格控制，不给孩子一点消费方面的自由选择，一方面可能会逼迫孩子利用偷窃、说谎等方式达到自己要钱的目的，另一方面可能也会使孩子逐渐演变成一个在金钱方面斤斤计较、吝啬、贪婪、功利、爱算计的人。正如哲学家培根所说："如果孩子小的时候，在金钱上过分吝啬于他，孩子在性格上将会变得猥琐。"所以，如果家长表现得过于苛刻，对孩子金钱观的养成并无好处。

相比之下，如果孩子受到了良好的财商教育，长大后就少受经济方面的困扰，更有可能过上幸福美满的生活。因为他们懂得合理储蓄，计划消费，乃至通过创业去获得更多的财富等。零花钱就是最好的儿童财商教育工具，那么，我们究竟该如何给孩子零花钱并指导他合理地使用呢？以下8条建议供大家参考。

（一）定时定量给

父母从孩子一年级开始便可定时定量给其一些零花钱。最好的给予方式是每周固定一天、固定数目，比如可以和孩子约定，设定周六给，类似发"工资"一样固定下来，这样可以让孩子在用钱的过程中，学会如何调控自己的收支，使收支处于平衡状态。

通常情况下，孩子的年龄越大，给的金额越多，间隔的时间距离也越长。例如：小学阶段，孩子零花钱的发放可以一周一次；中学开始，可以酌情半个月或者一个月给一次。当然，发放时间也可以和孩子一起商量，由他来决定什么时候发放。如果孩子选择一个月给一次或者一年给一次，我们也没有意见，他们只需为自己选择的后果负责即可。

另外，究竟该给孩子多少零花钱？这个问题没有标准答案。家长可根据孩子的自控力、自理能力和家庭的经济状况而定，不要管其他孩子的标准，我们不应该被迫拿出超过我们能够承受能力的零花钱。如果孩子抗议，我们可以坚定地、同情地告诉他："我也希望能够给你更多的零花钱，但是我们的预算有限。"从更易接受和减少争执的角度而言，这样的说法要比努力说服孩子"你不需要那么多零花钱"有效得多。

（二）给孩子支配零花钱的权利

电视《实话实说》栏目曾播过这样一个镜头：一位母亲和十岁的孩子在摄像机前忘我地争论。原来，孩子用零花钱买了母亲不满意的东西，所以，母亲就训斥道："钱虽然给了你，但那是我挣来的，不是你的，你无权不经过我同意乱花。"孩子反驳："怎么不是我的？你给了我就是我的。再说，我没有乱花，那些都是我认为必须买的。"

在现实生活中，这样的情景经常出现。父母名义上给了孩子零花钱，随便孩子支配，但实质上还是觉得那是自己的钱，在孩子零花钱的使用方面干涉太多。动辄就指导孩子零花钱应该买什么或者批评孩子零花钱花的不当。试想一下，假如你回到小时候，你的父母这样干涉你，你会是怎样的心情？你会不会跳起来和你父母争论？你的孩子也是如此。他买的东西，也许在父母眼里是浪费，在孩子眼里却绝对是物有所值。如果我们管得过严，孩子买什么东西都要听父母的，那么孩子不过是一只“储蓄罐”，完全失去了利用零花钱来培养其精明消费和理财本能的意义。父母要清楚，孩子在用零花钱上走一些弯路，也是让其积累经验的必由之路。例如孩子被“喝饮料，赢大奖”的宣传所吸引，一口气拿出所有的钱买了饮料，最后发现什么奖也没有得到，他会反思刚才的冲动。而这样的亲身体会要比我们直接告诉他来得更加深刻和清晰！所以，在零花钱的使用上，我们可以适当地给孩子提建议，但决定权在孩子手里。不要害怕孩子买错东西，只有经历过决策失误，才能在以后的决策中变得精明。

（三）限定零花钱的支出范围

我们没必要对孩子使用零花钱实施完全的监督，我们给孩子零花钱最主要的目的就是给孩子提供使用金钱的权力，从中锻炼孩子选择和承担责任的能力。我们需要做的是，和孩子商议，制定一个大体的方针，确定零花钱的支出范围，比如送朋友礼物、文具用品、零食、玩具、饰品等，其他一些大的合理的消费，比如培训费、衣服等，由家长支出。

同时，也应该限定零花钱不允许支出的范围，比如：不许买垃圾食品、不许买危险物品（如刀具、枪、鞭炮、毒品）、不许用作不正当用途（如去网吧、酒吧、吸毒、开房）等。

对于低年龄段的孩子而言，我们特别要教会他们注意自己的饮食健康。因为，当下的食品安全问题越来越多，而孩子们对于零食的抵抗力也非常有限。上周看到一则新闻，一个10岁的孩子吃了一包辣条和一根冰棍后，没过多久就猝死了。这样的新闻让我们家有学童的家长都毛骨悚然。因为这个孩子就是在学校周边的小商铺买的辣条和冷饮。而我们也常常看到，每到放学的时候，孩子们三五成群地聚集在学校旁边的路边摊或者小商铺。他们手里要么拿着色彩鲜艳、来路不明的汽水，要么拿着几串肉或者其他食品，这让我们很为孩子的健康担忧。所以，当父母发现孩子的消费已经伤害到他的健康时，一定要干预。我们可以教会他寻找和识别食品包装袋上的“QS”质量安全标志，像“一轮绿太阳从草原上升起”的绿色食品标志，教他识别那些有信誉的大超市的门脸，告诉他特别鲜艳的饮料和冷饮不能买，能把舌头染得花花绿绿的糖也不能买。让孩子明白食品、玩具、文具的质量安全对小朋友健康的重要性，告诉他，在你辨别能力有限时，选择连锁超市，比选择路边小摊要安全得多。

（四）当孩子提前花光零花钱时，可以共情，但不要解救他们

金钱就像权力，对于没有使用经验的人来说，它很可能会过度消费。所以，在给孩子零花钱的初期，孩子很容易发生零花钱提前花光的情况。

对于这种行为，有些家长会忍不住出手相助，再额外给孩子一些零花钱，并告诫孩子：下次不要再出现这种情况，如果再出现，我就不会给你了。而往往，孩子还会一而再，再而三地出现这样的情况。这不能怪孩子，这是家长教会了孩子不必做预算，不必为花钱负责，因为钱花完，父母自然会给。我相信每个家长都不想看到这样的情

况。那么，我们应该怎么做呢？

当孩子花光零花钱并试图向你求救时，你可以共情：“我知道没有钱花的滋味不好受。我也体会过，有一次，距离发工资的日子还有半个月，我就花完了所有的钱，那之后的半个月我过得相当艰辛，但也让我意识到了，我以后花钱必须做好预算。”

如果孩子继续不依不饶，你可以温和并坚定地说：“你知道，发‘工资’的日子是星期日，这之前我不会发‘工资’。”说完，可以给孩子一个大大的拥抱。

（五）在尊重意愿的基础上，和孩子探讨解决方案

针对孩子零花钱花得太快的问题，在孩子愿意的基础上，我们可以和孩子一起商讨解决方案，帮助孩子弄清是什么原因造成的，他们从中能学到什么，以及以后怎样做可以避免问题的发生。比如：把零花钱分成几次给孩子，一周两次或者更多次；使用记账单来看看哪些钱是必花的，哪些钱是不必花的，哪些钱是可花可不花的。慢慢使孩子学会理性消费、合理控制、权衡利弊、选择承担。

其实，给孩子零花钱也会教给孩子一个道理：喜欢的东西不是那么轻易就能到手的，有时也需要忍耐。

（一）可以借钱给孩子，但需要还款

如果孩子向你借钱，你可以借给他们。但要商量好怎么还款，是分期从零花钱里扣除，还是做一些额外的工作来补偿。在借款未还清之前，不要再借钱给孩子。要让孩子建立信用意识。

（二）适量涨“工资”

孩子在不同的年龄段，应该有不同的零花钱标准。根据孩子的年龄和意愿，选择合适的时间给孩子涨工资，比如每次孩子过完生日给他涨一次或者每两年为孩子涨一次，若遇物价上涨，父母应主动为孩子涨“工资”。

（三）不要把零花钱和做家务挂钩

我发现很多家长都喜欢把孩子做家务和发给他零花钱直接挂钩，他们不直接发给孩子零花钱，而是让孩子通过做家务换取零花钱。他们的出发点是美好的：想借此培养孩子热爱劳动、懂得为家人分担的优秀品质。可结果呢？

我的一个朋友，他曾一度对孩子实行按劳取酬的策略，他和孩子商议好，刷一次碗多少钱，扫一次地多少钱，收拾一次房间多少钱，浇一次花多少钱，等等。刚开始实施时，他非常得意，在朋友圈里炫耀不停，说儿子勤快多了！可渐渐的，他变得唉声叹气，说他儿子变得越来越滑头，做家务时锱铢必较、讨价还价，而且现在做什么都要先问有没有钱，哪怕是帮父母拿个东西，也要问这个给多少钱。孩子按劳取酬的习惯是培养出来了，可孩子唯利是图、自私冷漠、精于算计的性格也崭露头角。

家不是市场，不是单位，它是一个人最重要的生活场所和情感寄托的港湾，为了家的幸福，每个人都应该尽自己的一份力。如果把零花钱与家务联系在一起，孩子会以为家务不是家庭成员应尽的责任和义务，而只是挣钱的手段；这样，不仅会让孩子养成一些不良的性格，也容易让其丧失对家庭的爱心和责任感。

通过做家务挣取一些劳动报酬不是不可以，但那是孩子做好属于自己的家务活后的额外补偿，并不是零花钱。零花钱应是父母定时定量、不附加任何条件地给予孩子。

我们教育孩子有一个方针：永远就事论事，不要借题发挥。所以，父母切忌这样告诫孩子："要是你今天上午完不成作业，下周的零花钱就没有了"；也切忌这样收买孩子："给你一块钱，把客厅的地板拖一遍。"更不要在家里实行做家务给零花钱的政策。

（四）不要把零花钱和学习成绩挂钩

有的家长为了激发孩子学习的动力，常常把零花钱或者其他奖励和学习成绩挂钩。比如：考到前多少名，有多少钱的奖励；考多少分发多少钱；考到第几名，假期可以去国外旅游。甚至有些家长，为了让孩子多花些时间学习，做对一道题给钱，而且当场兑现。这些做法从短时期来看可能有效，从长远的培养目标来看，只能适得其反。

远远是一个要强的孩子，本来他学习自觉主动，可他的父母为了让他更有动力，对他说，只要你考到班级前三名，我们就奖励你1 000元。当时，远远并没有当回事，还是按自己的计划按部就班地学习。可1 000元真的到手后，他格外欣喜。逐渐地，他学习的动力便成了得到更多的钱。他为此还写了篇文章《搞好学习是我的生财之道》。多么可悲！一个原本依靠兴趣、进取心和责任感来支撑学习的孩子，现在眼睛里全是“金钱”。扭曲的价值观拜谁所赐，自己的亲生父母！父母很快会发现，基于金钱刺激而产生的动力，比基于兴趣和责任产生的动力要短暂而薄弱得多。而且，当孩子达不到自己想要的成绩时，他很有可能学会作弊或者撒谎来企求继续得到“奖金”。

人是环境的产物，家长如果认为花钱可以买到孩子爱劳动的好品格、学习好习惯，事实上在给孩子灌输一个概念，即：钱是万能的。那么，他以后可能就会变成拜金主义者、“钱”的奴仆，那么，他将会离幸福越来越远！

故事分享

有一次我给了孩子整年的零花钱。

8月份，我13岁的女儿提了这样的想法：“你们给我700元，做一学年的零花钱。”她从她表哥那里得到的这个想法：据说可以节省更多的钱。我不太愿意答应她这个要求的原因之一是我不想一次性支付给她700元。但是这想法没撑过1分钟，我就说服了自己。

13岁的孩子强烈地渴望独立——至少我女儿确实如此。她不喜欢扣上她的外套，不喜欢我给她梳的发型，也很讨厌我告诉她该打扫房间了。她想要自己决定几点上床睡觉，上学穿什么衣服，以及午餐吃什么。

很快她会上高中、大学，然后是工作、成家。就把这700元当成一个完美的独立的开头好了。

关于这700元所包含的内容之广泛，连我都暗自吃惊：所有的衣服、鞋子、看电影、买零食，体育用品，还有给朋友的生日礼物。我有些犹豫，700元似乎包括不了以上所有。但她坚持说没关系，她递给我一支钢笔，我们都在上面签下自己的大名。

9月的开销如下：

120元的学习用品，包括一些有些奢侈的多色圆珠笔。

1件American Eagle的T恤，80元，

两支唇彩，60元

一双Old Navy的鞋，200元。

我告诉自己，无论她怎么花这700元，我必须保持沉默。但当我知道那双鞋的价钱时，我还是忍不住说了句：“哦，200元！”于是女儿被激怒了，她提醒我她花的是她自己的钱！

但是不到30分钟，她就后悔了，去退掉了这双鞋。

这次我什么也没说。这是她自己的经历和经验。

9月无疑是她的“蜜月期”。我的女儿感到自己变成了一个有钱人，她有大量的可自由支配的现金。她买了一些糖果、一条牛仔裤，并且慷慨地给帮她上楼拿东西的弟弟妹妹奖励。

直到10月1日，她花240元买了一件时尚、闪亮、软绵绵、毛茸

革的外套。

从此，好梦结束了。

10月2日，她宣告破产。

10月5日，她紧紧地皱着眉头说："我认为我应该重新评估我的预算。"我仍然没说什么，我们是白纸黑字签过名的，这事儿没有回旋的余地。

她变得忙碌起来。当我打算把家里的小孩子托付给朋友或邻居帮忙照看时，她问我："我来照顾他们，你可以付给我一些钱吗？"

她在家隔壁的那条街上发传单。随着圣诞节的临近，她需要准备礼物，春天到了，还需要一双新鞋……她在小脑袋里加加减减，已经开始懂得提前计划了。

变化还在继续。

她也不再拒绝她不喜欢的保姆工作了。

还有谁从中获益？我。我喜欢给孩子们买衣服，特别是遇到打折，那更是要买到剁手。而现在，当我拿起一件女儿的衣服，总又再把它放回去。

有一天，我给她买了一支无色唇膏。"谢谢妈妈！"她高兴地叫起来，用手臂环住我。

这一年还剩下大半，但是仅仅这一个月，我看到一个女孩学会更好地经营和管理她的钱；我也看到当我们给她买东西时，她不再觉得理所当然，而是有了更多的感激。

另一件让我意想不到的事情是，她的3个弟弟妹妹也想像她那样，有一笔一年700元的零花钱，而我竟没有对此不屑一顾，而是由衷地露出了微笑。

我女儿至今都还没有向我要求修剪草坪之类的工作，我同样也没有向她提起。我知道，当她很缺钱的时候，她会向我开口。

我妈妈常说，她让我们做家务是为了帮我们建立自尊。我现在知道她是什么意思了。当我看到女儿一直在努力想要挣钱买到她想要的东西时，她的表情是幸福的。

女儿用一种我从来没有听到过的甜蜜的口吻对我说："妈妈，你可以买一套内衣做我的生日礼物吗？"我忍不住大笑起来，她却不满地抗议："嘿，我是认真的！"。

的确，她是认真的。

她挥霍了8周，然后紧巴巴地过了8个月。

然而，后面8个月的"贫困"生活对她来说也并不是什么坏事。事实上，它们非常好，原因是她因此变得：

（一）努力工作

她从来没有这么爽快地接受照看弟弟妹妹的工作，并且从来没有如此渴望下一个工作的机会。她不仅愿意做她不喜欢的工作，并且还积极地寻找所有能做的工作。

（二）学会了创造

和朋友玩的时候，为了省钱，她会选择参加那些免费的活动。

圣诞节的时候，她也充分利用了自己的聪明才智和心灵手巧，靠自己解决了所有送给家人朋友的礼物问题。而收到礼物的人也非常喜欢。

（三）节俭

因为价格太贵，她放弃了她的yearbook。有时候和朋友出去玩，她也不再买快餐，宁愿回家吃。她甚至想过不参加旅行，但是最后她花了好几个周末和我一起看管家里的孩子，从而赚到了旅费。

那是一次彻头彻尾的“穷游”：她坐公交车，没有买任何垃圾食品，也没有带回廉价的、会被我扔掉的塑料纪念品。有的，只是一些美好的回忆。

（四）独立

对自己的账务状况负责，令女儿看上去格外自信。她懂得了如何实现目标，比如得到去纽约旅行的费用并不是件容易的事。周末她和我一起照顾家里的孩子，有几次她都叫我先回家，这样她可以“负起责任”并“赚得一次旅行”。说实话，我非常喜欢这一点。

（五）拥有感激之情

这变化几乎是最早发生的。每次我买东西给她，哪怕只是在杂货店里买一个她喜欢的汤罐头，她在接过去的时候也是兴高采烈的。

圣诞节她要的礼物是一双跑鞋和一双棕色的深筒靴。圣诞节早上她收到这两份原本普普通通的礼物，竟表现出了前所未有的

激动。

（六）平和

在我们逛街时，她不再像以前那样，要求我给她买漂亮的裙子，和搭配她最喜欢的紧身牛仔裤的闪亮耳环。

有时候她也会拿起一件她认为非常适合我，而实际她很快可以拿来穿的上衣。但是当我说“不”的时候，她也欣然接受，不会争辩失望。

和她一起逛街变成一种极大的乐趣。我们在一起东逛西逛，讨论买什么不买什么。

（七）成为预算女王

“女王”可能有些夸张，但是女儿确实学会了记账。她手绘了一张表格，上面写着收入和花销。10%捐给慈善机构，20%存起来上大学以后用，剩下的70%可以自由支配。

700元零花钱的长期收益：

今年，我将继续一次性给女儿一学年700元的零花钱。今年秋天，她将进入高中，肯定需要花更多的钱。她的计划清单中已经有一件“all the girls”的衣服，她还需要一部iPad，一部手机，还有运动团队今年的旅行。

根据经验，她知道，不管怎么付给她零花钱，也是远远不够的。所以，她提前找好了暑期工。现在她每天都在公交车上工作，毫无怨言。

四、礼　貌

大部分家长都希望自己的孩子是一个懂礼貌、讲文明的人，尤其是在外人面前，家长更希望孩子有好的表现：主动与人打招呼、使用礼貌用语、能听从自己的建议、言行举止文明得体，等等。确实如此，一个懂礼貌、讲文明的孩子往往可以在人际交往方面具有优势，为自己的形象添砖加瓦。

我们通常都是用什么样的方式，来教导孩子懂礼貌呢？我见过很多家长在大庭广众之下逼着孩子与人打招呼，也见过极端的家长为了让孩子说出“谢谢”，扇孩子嘴巴。我很痛心，父母要求孩子学会尊重别人，但是，父母却用极不尊重孩子的方式去教导他们。这本身是不是一个巨大的讽刺？

大人都很注重自己的面子，当孩子不够懂礼貌时，大人往往觉得脸上无光，尴尬之下，往往催促、提醒甚至责骂孩子，以示自己是“懂礼貌的”，是“注重礼貌教育的”，可你是否想过，这样的行为本身就是不礼貌的！再转念一想，你的孩子不够礼貌，你觉得难堪，可孩子呢？他们在大庭广众之下被爸爸妈妈催促着喊人、甚至挨训，孩子又是多么难堪！孩子虽然年龄小，但是也有自尊心，而且自尊心比成年人更强，同时情感上也更加敏感脆弱，那么谁来顾及孩子的内心感受呢？

教导孩子拥有任何一项优秀品质，都是建立在尊重和不伤自尊的基础上，唯有如此，孩子才能愉悦地、积极地、发自内心地去做在这个品质下指导的任何事情。

正面管教可以这样做

（一）不能用粗鲁的方式教育孩子懂礼貌

不管在什么情况下，我们教育孩子要懂礼貌，我们必须用礼貌的方式去引导。可是，在现实生活中，家长们往往用粗鲁生硬的方式去教育，当孩子没有及时说“谢谢”时，家长会当着其他人的面立即指出来，并喝令孩子赶紧说“谢谢”，这种做法至少可以说是很不礼貌的。家长一边急急忙忙地提醒着孩子“宝贝，快喊叔叔”，一边自己都没顾上跟别人问好；一边督促着孩子说“再见”，一边自己都没顾上跟别人道别。

5岁的强强过生日时，姑妈买了一套服装准备送给他。可是强强一看到是服装，就大声嚷嚷：“我不喜欢衣服。”姑妈一时很尴尬。强强的妈妈赶紧过来拉住强强，试图说服他：“你看这衣服多好看，你赶紧试试。”可是强强并不买账，他挣脱开妈妈的手，大声喊着：“我不试，我讨厌这种图案的衣服。”强强的爸爸在一旁忍不住了，厉声斥责道：“你收到礼物不仅不表示感谢，还说讨厌，你实在是太过分了！”说着，强强的爸爸冲过来在强强的屁股上拍了几下，顿时，强强号哭起来。姑妈再也坐不住了，匆匆说了声“我还有事，先走了”。本来应该充满欢声笑语的生日宴，在强强的嚎哭声中草草收了场。

显然，通过强强的言行举止，我们可以看出，他的父母并没有在平时的生活中教导孩子如何懂礼貌，这里面有家长的失职。但尽管如此，强强的父母也不应该在大庭广众之下，这么粗鲁地教孩子学习礼貌。如果换一种方式，效果会更好。我们可以替孩子先收下礼物，并对强强的姑妈说：“谢谢您记得强强的生日，还送礼物给他。”一般情况下，当孩子听到家长替他道谢，他随后也会跟着表达自己的谢意。但如果孩子没那么做，还像强强那样直接说出了自己真实的想法，我们可以在事后只有家长和孩子时，好好和孩子沟通这个问题。我们可以问孩子：“强强，假如今天是妈妈的生日，你准备送什么礼物给妈妈？”孩子可能说一幅画。然后，妈妈可以请孩子闭上眼睛遐想：自己从早上画到中午，终于画好了一幅画，等妈妈下班的时候，满怀期待地送给了妈妈。可妈妈接过礼物，不仅没表示感谢，还撇着嘴嫌弃地说：“这画得什么呀！难看死了！不要。”说着，妈妈把画扔到了地上。请孩子说一说自己的感受。孩子肯定会说不好受，甚至很伤心。“那么，还记得前几天姑妈送给你的生日礼物吗？”我们可以话锋一转，继续引导：“想想看，姑妈那么体贴周到，居然还记得你的生日，姑妈为了给你准备礼物，肯定要花费一些时间和金钱，可是，当她兴冲冲地送给你礼物时，她不仅没听到感谢，还遭到了嫌弃，她该多么伤心啊！我们给她打一个电话表示感谢吧，如果她知道我们还惦记着她，她一定会很高兴的。”如果孩子问：“妈妈，我真的不喜欢那件礼物，怎么办？”我们不可以引导孩子说假话，但我们可以教孩子说话之道。我们可以这样回应他：“刚才你已经体会到了，如果你直接说出自己的真实想法，难免会令送礼物的人又尴尬又伤心。那么有没有一种办法，既能够让别人知道你真实的想法又能避免尴尬呢？”如果孩子想不出来，我们可以直接告诉孩子：“你听听看，如果这样说，会不会更好？‘姑妈，谢谢你送给我礼物，下次我过生日，如果您能送我一个玩具就更好了！’”说完，请孩子说说当别人听到这样的回应会有什么感受？肯定不会尴尬，而且会欣然应允吧。

大家可以看到，这种方法更复杂，但更有效。只有让孩子感同身受，他才能学会考虑别人，学会感恩。所以，请记住：如果父母自己已经做好了榜样，如果父母已经做到了尊重和平等，但是，孩子还是无礼，那么，千万不要动怒，不要当众指责孩子。一方面，在别人面前，你只需要表达自己的礼貌足够了；另一方面，私下和孩子进行沟通，可以运用“说出自己的感受”和“先连接感情、后纠正行为”的方式进行引导。

我领着孩子参加幼儿园组织的活动时，碰见过一位家长，她的儿子故意踩了一下她的鞋子，这位妈妈立马发火，大声命令她的儿子用手去擦鞋上的灰尘，刚开始她的儿子站着没动，后来，看妈妈眼神语气越来越凌厉，他蹲下身用嘴亲了一下妈妈的鞋子，可是妈妈不领情，继续威吓说：“用手给我擦！”孩子怔怔地望了母亲一会儿，终于，他噙着泪水，蹲下身用手蹭了蹭妈妈的鞋子。此后，孩子再没有恢复往日的活泼机灵，就连在舞台上表演也心不在焉。

说实话，这位母亲的举动令我们其他家长都觉得尴尬。这样大庭广众之下用伤孩子自尊的方式教孩子学会尊重、学会礼貌，本身就是和目标背道而驰的。如果这位妈妈能单独和孩子沟通，告诉她的儿子：“你故意踩我的鞋子，我非常非常生气，现在请你用纸巾把我鞋子上的灰尘擦掉。”这样的方式既不伤孩子的自尊，也让孩子知道了你的态度和界限。

（二）家长以身作则

实际上，关于礼貌，我相信一个真正的绅士不会教育出一个粗鲁无礼的孩子；相反，一个粗鲁无礼的蛮夫，他的孩子肯定也不会成为绅士。我见过很多家长一方面教育孩子要懂礼貌，一方面却对自家的老人不耐烦地吆五喝六；一方面教育孩子不要随便打断别人的谈话，

一方面却常常打断孩子的话语甚至没有耐心听完孩子的讲话；一方面教育孩子不要随地乱扔垃圾，一方面趁孩子不注意把一口痰吐在马路上。我们常常这样，我们总是希望孩子拥有我们还未拥有的品质，我们总是希望孩子做得比我们好。可是，我们忘了，最好的教育是熏陶，语言更是如此。

记得有一段时间，我特别喜欢用口头语“哇”，然后，没有几天，我就发现我的女儿也每天都说“哇塞”。孩子对语言的模仿能力超强。所以，要想让孩子学会礼貌用语和文明举止，父母就要在日常生活中以身作则。父母要经常对孩子和别人说 “请”和“谢谢”。在公共场合，我们要遵守秩序，不要大声喧哗；乘坐交通工具时，有人让座要表示感谢；带孩子到别人家做客，我们不要随便乱翻别人的柜子、抽屉，不要在主人家的沙发和床上打打闹闹；在餐桌上，不要抢食物和吃独食，等等。同时，你要让孩子明白，你愿意在他对你有礼貌的时候答应他的要求，而不喜欢听到他命令你。这样孩子就会明白，礼貌用语是日常交流的一部分，不论是在家里，还是在公共场合，都应该讲礼貌，这就是榜样的作用。

（三）赞赏孩子的礼貌行为

在我的第一本书《孩子，这就是我给你的爱》里，有一章详细描述了应该如何赞赏孩子。当孩子有好的行为时，我们不能大而空地只说“真好”“真棒”。我们应该说出孩子具体的行为，这样孩子才知道你为什么赞赏他，他才有努力的方向。比如，孩子不小心打翻了颜料，溅了妹妹一身。他先是表示了歉意，然后又帮妹妹清理干净颜料。我们就可以这样赞扬他："当你把颜料弄到妹妹身上，我听到你对她说'对不起'，这个词用得好。然后，我又看见你用湿布把她身上的颜料擦干净，这样的行为值得表扬，为你点赞！"这样的赞扬具体明确，孩子也会越来越懂礼貌。

（四）通过角色扮演游戏，让孩子了解人际交往的基本礼节

对于年龄小的孩子，他们最喜欢玩游戏了，我们不妨用这种方式教导孩子学会礼节。

比如，我们和孩子分别扮演主人和客人，客人来到主人家，主人是怎样礼貌地招待客人的；我们还可以扮演老师和学生，学生是怎样礼貌地向老师打招呼和问问题，等等。当然，礼貌是相互的，我们还可以和孩子一起演示，如果不礼貌时，会得到怎样的待遇。

（五）用讲故事的方式引导孩子懂礼貌

故事是孩子们的最爱，在日常生活中，我们也可以多讲一些有趣的小故事来引导孩子懂礼貌，比如《风小子》。

"嘭，嘭，嘭"，风小子使劲踢着老奶奶的门，粗声嚷嚷道："让我进去玩，让我进去玩。"老奶奶刚把门开了一条小缝，风小子"嘭"地往里冲，老奶奶赶紧关了门。

"乒，乒，乒"，风小子用力踢着小豆豆的门，大声嚷嚷道："让我进去玩，让我进去玩。"小豆豆刚把门开了一条小缝，风小

子猛地往里蹿，小豆豆连忙关了门。

风小子敲敲这家，踢踢那家，可是，谁也不让它进去。它就“呜呜”地哭着回家了。

“你怎么啦？”风妈妈问。

风小子把这件事告诉了妈妈。妈妈说：“谁叫你不讲礼貌呢？”风小子听了，心里很难过。

一个百花盛开的日子，风小子又去敲老奶奶家的门。

“笃、笃、笃”，声音轻轻的。

“谁呀？”老奶奶问。

“我是风小子啊。老奶奶，春天来了，外面空气多好，请您把门儿开开，我给您送来了鲜花……”

老奶奶很高兴，把门打开了，说：“谢谢啦，风小子，请进来。”

风小子又去敲小豆豆家的门。

“笃、笃、笃”，声音轻轻的。

“谁呀？”小豆豆问。

“我是风小子啊。小豆豆，春天来了，外面景色多好，请您把门儿开开，我们去玩吧。”

小豆豆很高兴，把门打开了，他和风小子来到绿茵茵的草坪上，一起玩耍，一起放风筝。哈，真快乐。

用故事来引导低年龄段的孩子讲礼貌，既让孩子懂得了什么样的行为是不礼貌的，又懂得了什么样的行为是文明的，既知道了不能怎么做，又明白了应该如何做，比直接说教有效得多。

（六）每个孩子是不同的，不要强迫孩子热情

如果你接触过很多孩子，你会发现，有的孩子天生活泼热情，喜欢热闹，他很快就能和陌生人打成一片；有的孩子任你怎么引导教育，他都是羞涩内敛，不愿过多地表现自己，这是孩子天生的性格，我们没有必要去强迫孩子改变。因为，我见过太多的家长为了让孩子在别人面前多表现，而去逼迫孩子说更多的话，展示更多的才艺，这本身就是在摧毁孩子原有的美！玫瑰固然娇艳美丽、热情似火，莲花也清新脱俗、高雅纯洁啊！为什么要逼迫孩子做与他气质不符的事呢？所以，当孩子表达了他的礼貌后，千万不要强迫孩子去“应酬”！孩子是最真实的，不会掩饰，不会伪装，我们不必要求他强颜欢笑、热情洋溢地去跟人相处。

故事分享

丰子恺教孩子礼貌待客的故事

我国近代著名的画家、文学家丰子恺先生，有个女儿叫丰陈宝。丰陈宝小时候特别怕生人，在客人面前显得不太礼貌。有一

次，丰子恺先生到上海为开明书店赶一项编辑工作，把十三四岁的小陈宝也带了去，想让小陈宝帮着抄抄写写。有一天，来了一个小陈宝不认识的客人，这位客人同丰子恺先生谈了好长时间，小陈宝一直没有与客人打招呼。客人与丰子恺先生谈完后，就过来与小陈宝打招呼、告别。这下小陈宝可愣住了，她一时不知道如何是好。

丰子恺先生送走客人后，语重心长地对小陈宝说："客人向你打招呼告别，你怎么可以不理睬人家呢？"后来，丰子恺先生一直非常注重小陈宝的礼貌教育。他告诉小陈宝，为客人端茶、盛饭，而且一定要用双手捧上，这样表示恭敬。他还风趣地打比方说："如果用一只手端茶送饭，就好像皇上对臣子赏赐，更像是对乞丐布施，又好像是父母给孩子喝水、吃饭。这是非常不恭敬的。"

礼貌待客的礼节还有：

1. 迎客：有客人来了，家人要起身打招呼；迎接客人进屋的时候，要主动帮助客人放衣物，请客人在合适的位置落座；主动送上客人想喝的饮料；递接物品要用双手。

2. 交谈：要主动、大方地与客人交谈，不要拘谨，让客人感到像在自己家里一样。

3. 送客：在客人要走时应礼貌挽留，说"您再坐一会儿""再喝杯茶吧"等；要送客人一段距离后说"再见""有空常来"。

4. 做客：做客的时候，要保持整洁，以表示对主人的尊重；不能粗声粗气，要谈吐文雅；不经主人允许，不可随意动用主人家里的东西；告别时，要说感谢的话，如“今天的饭菜真好吃”“玩得很愉快”等。

丰子恺先生还教育小陈宝说：“客人送你什么东西的时候，你一定要躬身双手去接。躬身表示谢意，双手表示敬意。”这些话都深深地印在了小陈宝的心中，后来，小陈宝果然成为一个彬彬有礼的孩子。

五、输不起

“每次和孩子一起玩游戏，只要我赢了他，他就会很不开心，闹着说不算数，硬要重来。”

“我们家孩子不会交朋友、做游戏，参加比赛他只能赢，不能输，小朋友都不愿意和他玩。”

“我的孩子和别的同学一起玩比赛类游戏时，赢了就欢呼雀跃、得意扬扬，输了就气急败坏，甚至不愿意再玩了。”

这是很多家长目前的苦恼，多年的独生子女政策和赏识教育的滥用，使得很多孩子过于自我，过于脆弱和敏感，“输不起”成为他们身上典型的标签。这种孩子通常会有两种表现，一种是面对挫折和失败，采取回避的办法逃避困难。就像前面有的家长所说：“赢了就欢呼雀跃、得意扬扬，输了就气急败坏，甚至不愿意再玩了。”另外一种是一旦在游戏中输了，就大发脾气或哭闹以示宣泄。

“输不起”并不是一无是处，它可以有两种解读，一种是心理承受力差，另外一种是孩子争强好胜。作为家长，我们应该引导孩子保留积极的进取心，对于比赛，看重过程，看淡结果。

正面管教可以这样做

（一）家长放下功利心，正确面对孩子的成败

孩子出生时，就像一张白纸，他没有那么多的情绪体验，慢慢地，这张白纸上有了伤心、高兴、失望、愤怒等颜色，那么，这些情感有的是孩子自己本身的发展，有些是大人强加给他并逐渐强化的。

想想看，有没有一些家长在孩子取得好成绩、有了好表现时就夸大其词，到处炫耀；而一旦孩子做错了什么或遭遇失败，父母的脸立刻由阴转晴，甚至讽刺挖苦。长此以往，孩子会形成一种错误的信念：失败是可耻的。当孩子遭遇失败，他会放大这个信念，从而产生一些不该有的情感，比如自卑、仇恨、退缩、放弃、过于伤心，而这些情感是谁赋予他的，是他们的家长！正是一些家长的“坏”榜样，造就了孩子的“输”不起，并直接导致了孩子无法承受失败。

我听说过一位家长，只要孩子考得好，他就到处炫耀，还奖励金钱，只要孩子没考好，他就百般指责与施加压力。孩子倒也争气，在高三之前，学习一直名列前茅，但是在高三的一次模拟高考中，他考砸了，按他当时的成绩，可能连三本都上不了，这一次，家长倒没有

指责孩子，因为班主任找他谈话了，说孩子心理压力特别大，请家长多疏导一下。可是，多年的错误观念已经在孩子心里扎根发芽，他自己已经不能允许自己失败了，他无法处理这样“大”的失败，他承受不了，于是，他从30层高楼跳了下去，在距离高考还有两个月的时候。

悲剧从来不是一蹴而就的，它是量的积累，我们很多父母都有“生存恐惧症”，从孩子一出生开始，就驱赶着、鞭策着孩子，不让孩子输在起跑线上。结果呢？造就了一批批高学历玻璃心的孩子，一旦碰到挫折，轻则放弃，重则自杀。

作为家长，我们应该明白，孩子的学习是一个终身的过程，一时的成败根本微不足道，只要我们拥有一颗平常心，胜不骄败不馁，并把它融入生活中，融入与孩子的相处中，孩子自然也会正确对待成败。

（二）认可孩子的感受，允许孩子产生不良情绪

不可否认，就是一个成熟的大人，在面对挫折或者失败时，也难免会有失望、懊悔、沮丧等情绪，更何况是一个还不太会管理自己情绪的儿童呢？我们知道，感受无对错之分，当孩子有了这些感受时，我们不要长篇大论地说教，更不要去指责孩子。

我们应该接纳孩子的感受，比如，我们可以抱着孩子对他说：“我理解你想赢的心情，输了比赛，你感到很失望、难过，是吗？”或者只是简单地抱着孩子，让他进行情绪的宣泄。你会发现，当你真正尝试去理解孩子，同情孩子，他很快会平静下来，并可能再次投入游戏，孩子感觉好，他才能变得更好！

（三）以身作则，为孩子树立好榜样

孩子是家长的一面镜子，如果家长在工作和生活中对输赢过于计较，孩子就会看在眼里，记在心里。模仿是孩子学习的重要途径，所以要想孩子能“输得起”，家长就需要具有宽阔的胸怀，在为人处世上不要斤斤计较。在与孩子一起玩时，如果输了，千万不要唉声叹气，懊恼不已，你可以大方地向孩子伸出手，说：“虽然输了不好受，但我还是要祝贺你！”通过自己的言行，给孩子传递正确的输赢观，这样孩子才能够慢慢学会如何有风度地经历失败。

（四）家长不要总是故意输给孩子

我发现很多家长在和孩子一起玩比赛类活动时，总是爱故意输掉比赛，前期家长可能是为了培养孩子的兴趣和自信，后期就是怕孩子一旦输了大哭大闹。“输不起”的心理就是这样慢慢被家长“惯”出来的，因为你每次都是输，给孩子造成一种错觉，他总是会赢，他也应该赢。这种心理如果不及时纠正，等孩子步入学校及社会后将会遭遇更大的挫折。所以，家长在和孩子一起玩游戏时，前期可以让孩子赢的次数多一些，激发他的兴趣和培养自信。但你也要不时地赢几次，让孩子逐渐明白“胜败乃兵家常事”，没有什么大不了，关键要享受比赛的过程。

（五）教孩子把错误和失败当作宝贝

面对成功和胜利，大部分人的态度相同，可是面对失败和错误，人们不尽相同。如何面对生活中的失败和错误，是一种人生智慧，更

是一门我们家长需要学习的功课。

当错误发生，失败将临，我们不应总是沉溺其中，悲观失望或者自责不已，我们可以首先表态：我犯了一个错误或者我又输了，这次看看我能从中学到什么。主动和孩子分享你处理失望的成功经历，告诉孩子你从这次经历中学到了什么，以及你认为这对你的生活有怎样的帮助。这样一个坦然平静的态度，会熏陶孩子在输了比赛时，情绪上不会过分的低落和质疑自己，而是积极分析失利的原因，找出问题的所在。

（六）切忌用孩子进行攀比

我们家长常常把攀比作为激励孩子自信的一个方法，这是最大的错误。当孩子处于劣势，被父母拿来和别人比较时，孩子收获的不是自信，而是自卑、嫉妒和愤怒。想想看，当你平时生活中对孩子说出：“你看谁谁谁……你怎么就不能向人家学习一下呢？”你孩子是什么样的表情和反应？他有没有气愤地向你顶撞或者就认定自己什么都不如别人，表现出破罐子破摔的状态。所以，不要攀比，攀比会让孩子在机会前彷徨犹豫，攀比会让孩子在挑战前滞足不前，攀比会加深孩子的挫败感，使之变得消极、悲观，更不要说参加什么比赛或者活动了，除非万不得已，因为不失败的最好方法就是不参与、不尝试。这是孩子保护自尊的最后一种方法。

（七）记住孩子的闪光点，激发孩子重拾自信

不知大家有没有过这样的体验，当你在某件事上对自己失去信心或者产生怀疑时，如果有人说起你以前在这方面是如何的成功或者你是怎样克服困难，最终战胜自己的经历，你的心中会慢慢积聚力量，充满自信。孩子也是这样，当孩子“输不起”时，其实他是对自己失去了信心或者产生了怀疑，我们可以先接纳他的感受，然后装作无意间提起他以前的辉煌经历，特别是他身上的闪光点，你会发现，当你这样做时，孩子的小脸就会逐渐舒展，自信的笑容就会再次浮现。

（八）减少竞争性游戏

想想看，任何一家成功的企业或者任何一次成功的活动，它们成功的关键因素是竞争吗？不，是合作。这个社会越来越需要高情商和具有合作精神的人才。我们没必要给孩子的思想注入过多的竞争元素，因为每个孩子都是独一无二的，每个人都有他的优势和劣势。我们要更注重培养他学会如何与人合作。我们可以引导孩子们多玩一些需要合作才能完成的游戏，这样，孩子不仅会收获快乐，也会收获友谊。

故事分享

我可以接受失败 但不能接受没有尝试

作者：杨澜

我的女儿先是在一所公立小学读书，然后在北京的国际学校上中学。有一次我在餐桌上问她两种学校的教育方式有什么不同，她

想了想回答说："在公立学校，老师总是让我们别犯错误；在国际学校，老师鼓励我们不要怕犯错误。"

中国孩子的压力太大，输不起！

这种教育方式的差异给孩子造成的心理影响的不同显而易见。2015年10月，在电视真人秀《最强大脑》中出现了这样的情景：一位12岁的中国男孩与一位同龄的意大利男孩展开竞争，看谁能用最短的时间记住102位新郎新娘的排列顺序，然后用人偶复位。按照比赛规则，由意大利男孩先行报出自己的排列，结果完全正确。就在同时，中国男孩开始低声啜泣，继而号啕大哭，主持人蒋昌建问孩子为什么，他懊恼地哭喊道："我记对了，可是排错了！"他太伤心了，几乎瘫倒在座椅上。在家长和现场嘉宾的百般劝慰下，他终于鼓起勇气，带着哭腔报出自己的排序，结果却是——完全正确！甚至因为用时较短，他成为最终胜者。

这时，主持人发现那位意大利男孩也在落泪，就关切地问他怎么了。意大利男孩答道："我看他哭得这么伤心，也觉得很难过。"原来，他是因为同情中国男孩才哭的！两个孩子都是真情流露，作为观众的我却不由感慨：中国孩子的压力太大了，输不起啊！

在一次采访中，特斯拉电动汽车的发明人伊隆·马斯克说："谁喜欢失败呢？失败是可怕的。但如果你毫无风险，就意味着你不过在做一件稀松平常的事！"马斯克的这句话是真切的体验。失败也是一种选项。如果你没有失败，那意味着你的创新精神不够。

1995年，他用自己和兄弟们凑的1万多美元创业，开办软件公司。为了节省开支，他把办公室和公寓合二为一，晚上就睡在沙发上。31岁时，他已经把一家公司成功地卖给了康柏，另一家卖给Ebay，赚了2 000万美元！而他的决定不是从此过上舒服的日子，而是把所有资金投入新公司，再度创业。电动汽车和火箭运载在实验过程中失败率很高，马斯克的情绪也随之大起大落，甚至在一个圣诞节前的周日彻夜难眠，几近崩溃！但奇迹般的事情发生了，就在第二天早晨，他接到了美国国家航空航天局打来的电话，给了他一个14亿美元的订单。他激动得忘乎所以，对那个打来电话的人大声说："我爱你！"

让他能够勇敢面对风险和失败的是这样的信念："我希望有一天回顾过去时可以说，我对这个世界有过好的影响！"这话在"万众创业，大众创新"的热浪中，能给人带来一份激励和警醒。凡创办企业，95%的企业都以失败告终，"你输得起吗？"创业者应该问自己这个问题。

人们常常只看到自己愿意看到的事实。赌场里只传出谁中了大彩的消息，更多人输得倾家荡产却鲜有耳闻。同样，我们喜欢聚焦于某些人物的成功并将之神化，而不太在意成功之前的许多失败经历。

2015年10月，迈克尔·乔丹接受采访，他被誉为"飞人"，是史上最伟大运动员（不仅是篮球哦）。他曾不可思议地带领芝加哥公牛队获得六次NBA总冠军，带领美国队获得两次奥运会冠军，他自己则获得五次常规赛“最具价值球员”，六次总决赛“最具价值球员”称号。他的传奇经历，连同他扣篮时的吐舌动作都被球迷们津津乐道，他们称他为“披着23号球衣的神”。他的飞跃姿态成为最成功的个人体育品牌，而在收购山猫队（现名黄蜂队）之后，他成为历史上首位职业球员出身的球队大股东，其年收入超过他作为职业球员时收入的总和。但是他却说：“我起码有9 000次投球不中，我输过不下300场比赛，有26次人们期待我投入制胜一球而我却失误了。我一生中的失败一个接着一个，这就是为什么我能够成功的原因。我从未害怕过失败，我可以接受失败，但我不能接受没有尝试。”

在采访中，他回顾了伤病带给他的肉体痛苦——他伸开双手，我能清清楚楚地看到右手变形的关节；他为圆儿时梦想，曾中途离开NBA去打棒球，在场上被嘘的尴尬经历，让他知道自己不是全能的，但也不会为尝试而懊恼；父亲被枪杀给他带来的精神痛苦则更让他刻骨铭心，在这之后他带领球队获得了那个赛季的NBA总冠军，夺冠后他在休息室的地板上痛哭不已；还有在华盛顿奇才队被质疑、被出局的困惑与挣扎……面对这一切，他的法宝就是父母从小教育他的那句话：“谁都会遇到倒霉事，你的任务是想办法把坏事变成好事。”

人生如此丰富，岂能用输赢一语概括？除了赢家和输家，难道我们不能做个玩家，在对梦想的追逐中体验一把挑战自我的惊喜与刺激？万一成功了呢？

六、自　私

随着二胎政策的开放，许多父母开始跃跃欲试，准备再要一个孩子。可是，不和谐的声音却开始此起彼伏，有的妈妈说："我们本来想再要一个孩子，可是跟家里的大宝一商量，他非常反对，我也只好作罢。"有的父母说："别提了，我一说再给你生个弟弟妹妹，他就大哭大闹，还离家出走，我是不敢再要了。"甚至有些妈妈在怀孕几个月之后，又被家里的子女逼迫或者威胁着去医院做了人流。这样的遗憾与不幸，是谁造成的？是家里目前唯一的孩子，他或她不愿意与人分享父母的爱！说难听点，是自私，而这又是谁造成的？是父母的教养方式。

我们常说，一个不愿意为别人鼓掌的人是永远也得不到别人掌声的。自私的孩子便是如此，他的狭隘、小气、一切以自我为中心将会使他失去友情、失去帮助、失去快乐。我想，正常的父母都应该希望自己的孩子大方、大度、乐观、豁达。那么，我们应该如何培养孩子拥有这些美德呢？

正面管教可以这样做

（一）不要给孩子贴自私的标签

我们要知道，人的成长是一个去中心化的过程，三岁前的孩子，通常以自我为中心，以为自己就是世界的主宰。他们认为一切都是为自己服务的，基本不考虑别人的感受。这是一种天性，一种本能，与自私无关。随着孩子日渐长大，他们才会明白什么是分享，怎样与人分享。即便三岁以后，分享也并不是总能做到的。想想看，难道我们没有一些不想与人分享的东西吗？所以，无论孩子怎样，哪怕他现在真的过分小气，也不要给孩子贴自私的负标签，它只会让孩子越来越自私，别无他用。

（二）避免孩子吃独食、享受特殊待遇等

其实很多时候，孩子的自私、冷漠与不知感恩是大人的无私培养出来的，想想看，有多少父母把自己也喜欢吃的食物让孩子独自享用；有多少父母对自己的生日漠不关心却给孩子举办豪华生日宴会；有多少父母做任何事情都要把孩子放在第一位。我们总是想把最好的留给孩子，可是孩子学会了什么？他学会了理所当地享受特殊待遇；他学会了凡是他喜欢吃的东西，都不许别人动；他学会了喜欢吃的菜要放在自己面前，不让别人吃；等等。很多大人对孩子的这些表现都不以为然，认为孩子小，年龄大些自然会知道分享。可事实往往事与

愿违，孩子年龄越大越自我，不在意也不愿考虑别人的感受。这样下去，也就会出现我们之前讲到的，父母想要二胎，而大孩坚决反对的现象了。

（三）以身作则，乐于分享

父母是孩子的第一任老师，要想教育出一个慷慨大方的孩子，父母首先要做好榜样。父母可以有意识地在孩子面前与家人分享自己喜欢的东西。比如买了新鲜的水果，主动先拿给家中的长辈或者请孩子把水果给长辈送去，并告诉孩子："好东西大家要一起分享。"当孩子偶尔做出分享行为时，我们一定不要谢绝。因为我曾经问过一个总不愿与妈妈分享东西的女孩，她告诉我，不是我不愿意给妈妈吃，是我给她，她总是拒绝。有些父母往往这样，一边埋怨着孩子不愿意给自己分享，一边当孩子分享给自己时又拒绝。孩子察言观色的能力很强，要不了几次，孩子也不愿与你分享了。所以，当孩子分享他喜欢的物品时，我们不要辜负孩子的好意，我们可以诚恳地接受孩子的好意并表示感谢。为了巩固孩子的这一行为，我们还可以装作无意似的以赞赏的口吻向别人提起孩子的这一行为，让孩子体会到和大家分享是件很快乐、很自豪的事情，从而激励孩子越来越多地做出这种行为。

（四）尊重孩子的意愿

不可否认，有些东西确实是我们不想与别人分享的，不仅大人，孩子也是如此。所以，我们千万不要逼着孩子分享他的每一件东西。

孩子有权利选择哪一件东西可以分享，哪一件东西不能分享，只有这样，孩子才会感到安全，他才会更乐于分享。比如玩具，我们不妨给孩子准备两个箱子，一个箱子里放可以分享的玩具，一个箱子里放不愿意分享的玩具。其他物品也是如此。当然，我们也要给孩子树立一个尊重别人个人财产的典范，进入孩子的房间或者动用孩子的东西，要经过他的同意。反之，也是如此，当孩子想用属于你的物品时，如果你不想分享，你可以说："抱歉，这件东西我不想和别人分享，我有其他的可以分享的东西，你要不要看看？"如果这件东西，你可以分享，你要让孩子知道，你希望他如何使用以及什么时候归还。

（五）让孩子体会到分享的快乐

人的占有欲与生俱来，你会发现，很多时候，小孩子不愿意拿出自己的玩具，却还想霸占别人的。这个时候，我们就可以引导孩子尝试与别人交换玩具玩。慢慢地，孩子就会发现，与别人分享，自己不仅没有损失，还可以多玩一件玩具，多交一个朋友，多了一份快乐！

（六）教给孩子简单的合作性游戏

当孩子们因分享产生争执时，可以用一些简单的合作性游戏来转移他们的注意力，比如小小观察家（一个人表演动作，其他人猜他在干什么）、颠球（一块桌布上放几个球，让孩子们拽着四角移动，保证球不掉落），等等。对于大一点的孩子，我们可以教给他们一些巧妙解决争执的方式，比如轮流玩、石头剪刀布、定时玩等。

（七）用故事引导孩子学会分享、理解分享

一个简单生动的故事远比你长篇大论的说教能打动孩子的心。父母可以给孩子阅读一些下面的故事，对教育孩子学会与别人分享很有帮助。

《月亮是谁的》：讲述一只小巢鼠最终明白“月亮是每一个人的”的故事。

暖房子系列：《织毛线的多多》讲述爱织毛线的多多如何在朋友的帮助下织了一件大围巾，帮助大家度过暖冬的故事。

《古利和古拉》系列：古利和古拉热爱烘焙，最重要的是，都会邀请大家一起分享烘焙出的美味。

《彩虹色的花》：一朵彩虹花乐于助人、分享爱的感人故事。

《月亮的味道》：一群小动物互相帮助最终合力尝到月亮味道的故事。

《小机灵和小迷瞪》：两只小黄狗由抢骨头，到一起打退敌人共同分享一根骨头的故事。

《鲁拉鲁先生的院子》：爱好整洁的鲁拉鲁先生最终明白：分享是一件多么美好的事情啊！

我们爱生活系列之《快乐交朋友》：这本书包含大量交朋友、与人分享合作的技巧。

《石头汤》：聪明的和尚用煮石头汤的方法，让大家明白付出越多回报越多的故事。

（八）分享可以很广泛

要让孩子知道，分享不只是分享物质的东西，还可以是时间、想法、感受、快乐以及自己的童年趣事等。我们每天可以和孩子交流一下自己的所思所想，并引导孩子说出自己这一天中最难忘的事或者不开心的事等。当然，我们乐于分享的同时，也要尊重不分享，有时，孩子不愿把自己的心里话或者烦恼告诉别人，包括父母，我们就不要强迫孩子分享。这也是他逐渐长大的标志，他相信自己有能力处理好，我们也要给他、给自己这一份信心。我们只需让他知道，如果需要，父母随时会出现在他身边。

故事分享

教孩子学习分享

——国外妈妈的一些好方法

（一）玛丽·贝斯：尝试交换的方法。

我们发现进行玩具“交易”是鼓励孩子们与人分享的好方法，特别是这样规定：孩子们必须向另一个孩子（而不是另一个孩子的爸爸妈妈）借他们想要的玩具。我们家一个2岁的孩子和一个4岁的孩子就常常和附近的孩子们这样做。这样的话，玩具的小主人就会有一种控制意识，而且他们知道他们的决定是算数的。借玩具的孩子也知道为了能借到东西，他们必须拿出什么东西作为交换。到了要把玩具交换回来的时候，孩子们（而不是家长们）会负责保证把每个人的东西都归还回去。

（二）维吉·特莱浦：“ABC时间”的方法。

为了教会我那两个孩子学会轮流玩一样东西，我想出了“ABC时间”的方法。每个孩子可以荡秋千或者玩玩具的时间是整支ABC歌曲的时间。孩子们知道歌曲结束的时候，就轮到另一个孩子了。大孩子会高兴地大声唱着ABC的歌曲，而小家伙则一起哼唱，而且歌曲结束的时候，两个孩子会高高兴兴地让出自己玩的东西。

（三）凯瑞·尼曼：奶牛定时器。

我有两个孩子，一般情况下他们都能够好好地在一起玩。如果孩子要玩同一样东西，我就会告诉他们去拿“奶牛”——一个奶牛形状的定时器，它的功能是一到时间就会“哞哞”地叫。两个孩子都知道如果还没有轮到他，自己就要玩别的，直到奶牛“哞哞”叫了才轮到他。我们发现用这个奶牛定时器让孩子轮流玩通常非常有效。

（四）詹尼弗·达斯特：好好商量。

两岁半的儿子现在正到了那种什么都是“我的”的成长阶段。为了鼓励儿子和别人分享，我们问他是不是能把他的玩具或者小毯子借给还是婴儿的小妹妹一会儿。我们向他指出小妹妹有多喜欢他，而且我们会告诉他小妹妹只借一会儿。我们从不强迫儿子放弃他自己的东西，我们也从不需要强迫儿子这么做：儿子自己决定分享他自己的东西。值得期待的是，儿子在和别的孩子一起玩时也能有这种慷慨大方的意识。

（五）詹尼弗·弗：分享的方法。

女儿快1岁半了，在她和其他孩子一起玩的时候，我会注意观察女儿，如果她对别的孩子做了什么不公平的事我就会进行干涉。比如，如果她从其他刚学步的孩子那里抢玩具，我就会要求她把玩具还给那个孩子，而且我会向女儿解释玩具被别人抢走的孩子会非常伤心。另外，我知道让孩子看到妈妈把玩具给另一个孩子是非常困难的，所以我试着找点什么让孩子兴奋的东西来代替还回去的玩具。对刚学步的孩子来说，和别人分享是非常困难的，但是有爸爸妈妈的一点帮助，孩子还是可以学会与人分享的。

（六）瑞尼·卡德纳：坚持不懈。

两岁的孩子如何和别人分享东西？我认为最重要的是从孩子很小的时候就开始教孩子这么做，而且要坚持不懈。无论什么时候孩子说“我的书”我都会这样回答，“是的，但是你愿意和我分享吗？”我还让儿子玩他8个月大的小弟弟的玩具——但是我会首先告诉他，“这是查理的，但是他愿意和你分享。”这种方式让儿子明白了分享是双方的事情。

七、拖　延

当我们说起一个词“磨蹭”或者“拖延”时，几乎所有的家长都认为自己的孩子身上具有这个特性。果真这样吗？什么叫拖延？拖延是指在能够预料后果有害的情况下，仍然把计划要做的事情往后推迟的一种行为，它会使目标任务在最后期限内无法完成，或者目标任务在最后期限内才刚刚启动。所以，很多时候，尤其低年龄段的孩子，他们没有时间概念，他们也没有能力预料后果，更甚者，有的时候，他们要做的事情并不是发自内心的，也不是提前计划好的，而是父母临时强加于他们的，这种情况之下发生的“拖延”，并不是真正意义上的拖延。我们千万不要把这顶大帽子随便扣在孩子头上。

话虽如此，拖延却是一种普遍存在的现象。有项调查显示，大约75%的大学生认为自己有拖延症状，其中50%的大学生表示拖延已经成了他们的习惯；超过25%的中年人也患有“拖延症”，并已经影响到了他们的正常生活。这些数字虽然不是针对孩子的，但我们可以想想，这些成年人的拖延症是怎么来的？是到了大学或者步入社会之后突然产生的吗？肯定不是，因为拖延是一种习惯，这种惯性往往是在孩提时期就慢慢产生和固化下来的。

拖延对我们有什么危害？显而易见，它会降低我们学习、做事的效率，影响别人对自己的信任，让我们在学习、工作、事业、生活等方面错过很多机会。另一方面，拖延症患者本人也会对自己的行为感到生气、自责，产生一种负罪感，对自己产生怀疑甚至否定、贬低，严重者可能会出现焦虑、抑郁等心理疾病。所以，如果我们发现自己的孩子有拖延的症状，应该尽早帮助他改正，如果任其发展，就很可能变成持续一生的坏习惯。

正面管教可以这样做

（一）和孩子一起制订生活惯例表和学习计划

《礼记·中庸》中有一句话：“凡事豫则立，不豫则废”，什么意思？就是做任何事情，没有事先的计划和准备，就容易失败。比如，你决定一个月看完《论语》，而另外一个人在这个大目标之下，又细化了小目标，计划每天晚上看三页《论语》，正好一个月读完。请问，你觉得哪个计划更容易完成，或者说更容易督促人完成呢？当然是后者。目标越细化，计划越具体。所以，为了防止孩子拖延，一方面我们在平时生活中和孩子一起建立生活惯例表，比如睡觉前的、早晨的、吃饭时的等，并确保每个活动都有截止时间，让拖延没有机会（参考第四章第四小节制定生活惯例表）；另一方面，我们要和孩子一起制订合理的学习计划，尤其是假期，一定要和孩子好好探讨一下假期安排，制订一个详尽的假期计划。否则，孩子很容易整日无所事事、盲目迷失。

（二）家长适当放手，逐步减少过度帮助

如果你的孩子做任何事情都磨磨蹭蹭，并且持续了很长一段时间，那么你需要反省一下自己，你有没有一味地对孩子包办，一味地替孩子承担后果。比如你嫌孩子穿衣慢，就替他穿；你怕孩子收拾不好房间，就替他收拾；孩子因磨蹭上学迟到，你给老师解释说因为路上堵车；等等。家长这样长期包办代替的结果就是自己每天忙得不可开交、疲惫不堪，而孩子心安理得地等着被照顾、被解救，家长还责怪孩子做事慢慢腾腾，不知道着急，可是否想过孩子磨磨蹭蹭的行为习惯有多少是家长自己亲自培养的呢？所以，要想改变这一类孩子的磨蹭习惯，首先家长要学会放手。

第一，花时间训练孩子。

由于长期的包办，孩子做事的速度和技巧可能不如同龄人，我们要接受这一点，并拿出耐心花时间训练孩子。比如洗衣服，我们要边讲解边给孩子示范：先把衣服浸湿，然后打上肥皂，用手搓，重点部位多搓几遍，最后用清水漂洗，直至水里不再有泡沫。这样的训练有时可能需要持续一段时间，孩子才能完全掌握这项技能。所以，家长们需要提前做好充足的心理准备，在指导孩子时，才能够控制好自己的情绪。

第二，让孩子体验磨蹭造成的后果。

当你决定不再包办并不再替孩子承担后果时，你要告知孩子并身体力行。孩子只有在体会到磨蹭会给自己带来损失之后，他才能够自觉地快起来，因此，让孩子为自己的磨蹭付出代价，让孩子自己去品尝磨蹭的自然后果，这是一个改掉孩子磨蹭毛病的好方法。例如：你告诉孩子9点去超市，请他在9点前准备好。但是他把你的话当成耳旁风，照样赖在床上穿着睡衣玩玩具，那么，9点一到，你就可以撇下他自己去超市，也许他会哭闹，还记得“揣饮料自动售货机效应”吗？当我们把钱塞进去而饮料不像以前一样自动掉出来时，我们就会又踢又打，指望机器能像我们所期待的那样把饮料送出来。孩子们也是如此，他们习惯于成年人惯有的回应。当我们改变回应方式时，孩子们可能会以更糟糕（夸张）的行为来试图得到他们所习惯的回应。所以，孩子哭闹是正常的，因为你不再替他穿衣，不再一个劲地催促他，因为你说到做到，真的把他撇下自己去了超市。没有关系，这是孩子改变坏习惯、迈向好习惯的第一步。很多孩子就是只有在自己体验到后果而不是被告诉可能会发生什么时，才能从中学习和改变。

（三）擦亮眼睛，辨别真伪，到底是自己急躁还是孩子磨蹭

大家注意到没有？无论走到哪里，只要有孩子和家长的地方，我们都能听到家长催促孩子的声音。有催促孩子走路快点的，有催促孩子吃饭快点的，还有催促孩了赶紧玩各种游乐设施的，等等，各种各样，五花八门。请大家回想并审视一下到底是我们自己太急躁，还是孩子真的磨蹭？比如孩子解扣子，他解了半天，还没完全解开，有的家长就一把把孩子拽到跟前，替孩子解开，还边解边说："你真磨蹭，解个扣子解半天。"请问，这是磨蹭吗？孩子手指的灵活性和做事的经验远远不如大人，当然他做事的速度也远不如大人了。但是我们有些成年人就是发现不了这个简单的问题，粗暴地把自己当作衡量快慢的标准，当孩子赶不上自己的节奏时，既不给孩子练习的时间（包办），又指责孩子磨蹭、拖拉。这种行为绝对会摧残孩子的天性，时间久了，孩子真的会变得懒惰、依赖性强、自理能力差、无责任感和磨蹭。所以，作为家长，我们要有一双勤于审视自己的眼睛，很多时候，孩子的问题就是家长的问题。

下面的一首诗歌是诗人马迪·金的《如果你能记住》，它从孩子的角度深刻地诠释了孩子渴望父母理解的心声。我相信，它肯定会让你深受启迪。

如果你能记住

作者：马迪·金

如果您能记住，

您走一步我走三步才能赶上；

如果您能理解，

我观察世界的眼睛比您矮三英尺；

如果您能在我乐意的时候让我自己试试，

而不是把我推到前面或挡在后面；

如果您能用您的爱感受我的人生而不破坏我自觉的需要，

那么我将长大、学习、改变。

如果您能记住，

我需要时间获得您已有的经验；

如果您能理解，

我只讲述那些相对我的成熟程度来说有意义的事情；

如果您能在我可以时让我独自迈出一步，

而不是把我猛推出去或拉回来；

如果您能用您的希望感受我的生活而不破坏我对现实的感觉，

那么我将长大、学习、改变。

如果您能记住，

我像您一样失败后再试需要勇气；

如果您能理解，

我必须自己弄清我是谁；

如果您能在我想要时让我自己寻找自己的路，

而不是为我选择您认为是我该走的路；

如果您能用您的爱感受我的人生而不破坏我自由呼吸的空间，

那么我将长大、学习、改变。

（四）无言的提醒

不知大家有没有过这样的体会，当我们催促或者提醒别人时，不仅会激发别人的反感，也会激发我们自己的烦躁心理。这也就是我们常说的越说越气，给整个家庭营造一种不和谐的阴霾气氛，那么如果换一种方式呢？可以尝试使用“无言的提醒”这种方法。事先和孩子约定好，当时间紧张时，用一个什么动作作为提醒暗号。比如在我女儿早晨起床到上幼儿园这段时间，我和她约定好我只提醒两次，提醒的动作是女儿自己想的，有的时候她会几天换一次动作，有的时候她甚至会一天换一次，这个无关紧要。关键是我们停止了催促，用较为圆润有趣的方式加快了孩子做事的效率。

（五）适度的学习任务

有个小学一年级的孩子每天晚上写作业都到11点，他妈妈非常抓狂又无计可施，最后找到我。孩子偷偷告诉我：“李老师，你别告诉我妈妈，其实我 6 点就能写完。”“那你为什么写到11点呢？”我惊奇地问。孩子说：“因为我写完了作业还要弹钢琴，弹完钢琴还要做妈妈买的卷子。我写到11点就不用弹钢弹琴了，也不用再做卷子了。妈妈会直接催促我睡觉。”这是一个7岁孩子真实的心声，也是他磨蹭的真正理由。为了不谈钢琴，为了不额外做题，他每天慢慢磨时间，1个小时能干完的事，他天天要磨到5个小时，他痛苦吗？他也痛苦。但他为了逃避更令他痛苦的事，宁愿这样。

我们中国的孩子本来学业负担就很重，如果父母再额外给孩子强加很多学习负担，很可能就会激发孩子的抗拒心理，出现上面例子中的所谓“磨蹭”现象——消极怠工。其实，要想改变这种状况，非常容易，坐下来和孩子好好聊一聊学习的事情，站在孩子的角度，多替孩子想想，多听听孩子的意见，最后制定出双方都同意的一个适度的学习任务。我想，如果能做到这点，孩子磨蹭的现象将大为改观。

（六）尊重孩子的天性

做过教师的人都知道，一个班级有几十个人，每个孩子的性格、气质、做事风格都不同，这里面有一部分是后天教育造成的，还有一部分是孩子的天性使然。我认识一对龙凤胎，兄妹俩性格完全不同，哥哥做事风风火火，追求快速。妹妹做事慢条斯理，追求精致。后来，哥哥做了销售，妹妹成为一名著名的手工艺术家。所以，针对孩子的天性，我们可以想办法去改善，但千万不要去压制。试想，如果当初妹妹做事情时，父母总是催促她甚至打骂她要她快点，妹妹怎么能做出那么精致复杂又漂亮的手工作品呢？慢性子的人可能做事更加有耐心、认真、细心、专注！而急性子的人虽然做事快，但可能粗心马虎。每个孩子都有自己的优势和劣势，我们能做的就是给予理解和尊重，而不是把自己的焦虑传递给孩子。

这个社会本来就很浮躁，到处充斥着竞争和压力，我们不能改变大环境，但我们可以改善小环境，我们不妨还家庭一个宁静温馨的空间，让孩子在这个空间里学会从容和淡定。

故事分享

用自然惩罚法让他尝尝苦果

我儿子也特别爱磨蹭，每天早晨上学都很忙，可是他根本不紧张，不管我怎么喊，怎么叫，他都那样慢吞吞，把我气得没有办法。以前都是我在后面帮助他，不是帮忙穿衣服，就是帮忙收拾书包，要不就是喂他吃饭。如果孩子迟到了，我总是会跟老师解释说：都怪我，早上起晚了，做饭迟了；孩子作业没有完成，我在不断埋怨孩子的同时也依然会帮孩子把作业补上。

我特意去咨询了心理专家，他们认为主要原因还是我们父母为孩子承担了太多的责任。孩子遇事不着急，自然要耽误课程或者造成别的损失，这时父母往往挺身而出替孩子去承担责任。这样的做法使孩子有了“主心骨”，他知道自己不用着急，反正有爸爸妈妈在替自己着急。而且，最后爸爸妈妈还是会帮助他解决问题。因此，在他的眼里一切都不是问题了。专家说最好用自然惩罚法试一试。

一天早晨，我没有像往常一样催促他，也不帮他穿衣服，不管他吃饭有多慢。结果，他快8点了才离开家。这时他急了，一个劲儿催促我快点。到了学校他当然迟到了，挨了老师的批评，还没有得到小红花。晚上，我和他一起分析了挨批评的原因。我告诉他说：“以前都是爸爸妈妈在替你着急，现在你长大了，妈妈不打算再催你了，你自己要学会加快做事节奏，安排好时间，否则还会吃苦头。”从那以后，他又因为磨蹭挨过几次批评，我也和老师沟通过，告诉老师只要是因为磨蹭迟到，就一定要及时批评。我觉得他现在好多了，做事情比以前快多了。

八、嫉 妒

随着二胎政策的开放，很多家庭开始不止有一个孩子，家长们也将面临许多新的挑战。手足之间除了能够一起愉快地玩耍，很多时候，也会因为争抢东西或者其他原因而吵架甚至动手，而父母呢，往往急匆匆冲出来当评审官，自认为自己处理得够公平，可孩子们每一个都觉得“对自己不公平”。家长们常常为此懊恼和担心。那么，这一章就让我们走进二胎家庭，帮助焦虑的父母找到一些对策来缓解兄弟姐妹之间的竞争和争吵。

正面管教可以这样做

（一）介绍新生儿

首先，我们要承认，当我们决定要二胎时，老大所表现出来的失落和嫉妒都是正常的，这就像突然有一天，你的老公回到家跟你宣布：“亲爱的，我很爱你，你是那么棒，所以我决定带另外一个女人来咱们家，和我们一起生活，放心，她会帮咱家赚钱，还会帮忙做家务，我相信我们三个人一定会相处得很好。”你是什么感受呢？肯定不会拍手称好吧？你下意识里会不会想：为什么要让另外一个女人来分享老公的爱？是我做得不够好吗？我坚决不同意。孩子也是如此。分享父母就如你要跟别人分享爱人一样，他会痛苦，会嫉妒，如果我们父母不能理解甚至漠视他们的感受，那将是非常不幸的，也是对孩子的另外一种伤害。

对一个小孩子来说，第二个婴儿的诞生是他最重大的危机，他的生活方式将发生改变，他的身份将重新定位，我们需要帮助他们，而不只是简单粗暴、随心所欲地敷衍他们。

为了让老大更好更快地适应有二孩以后的生活，母亲在怀孕时，就可以常常描述一下未来的生活，比如：“有了弟弟或者妹妹时，我陪伴你的时间可能会减少一些，因为他太小了， 还不能自理。我要喂他喝奶，帮他清洗尿布，有时，他还会哭个不停，让我们都很讨厌又无可奈何。你可能会觉得自己被遗忘了，如果你感到失落或者觉得弟弟妹妹抢走了爸爸妈妈的爱，你可以过来跟我们说，我们会给你特别的爱，你要记住，无论任何时候，爸爸妈妈都是非常爱你的。”甚至，我们可以和老大模拟有了二孩以后的生活片段，帮助老大做好充足的心理准备。

当新生儿诞生后，我们不要夸张烦琐地向老大介绍：“这是你的弟弟或者妹妹，你瞧，他长得多漂亮啊！以后，你就不会感到孤单了，有人跟你玩了。我好爱他啊！当然，我也很爱你！”这样的介绍只会激起老大的失落和伤心，强化老大认为自己已经被“取代”的信念。我们只需要简单平静地告诉他：“我们家又多了一个宝宝。”这就足够了。

（二）倾听并认可孩子的感受

随着新生儿的降临，父母会发现，老大会有一些不安的情绪和奇怪的行为。记得我刚生下老二的一段时间里，五岁的老大闹着也要用奶瓶喝水，还非要吃母乳，除了好奇心理，我想更多的是想获取和小宝宝同样多的关注。我给她找来一个专用奶瓶，她用它喝了几天水后，就束之高阁了；而母乳呢，就吃了两次，再让她来吃，她也不愿意，她说难吃。由于之前的工作准备得很充分，所以，我家的老大很少表现出嫉妒或者厌恶老二的情况，她是一个非常喜欢小孩，到哪里碰到小宝宝都想要抱一抱的女孩，她曾经好几次告诉我，要是我给她再多生几个妹妹弟弟，她想在家开个幼儿园。尽管如此，她偶尔也会表现出一些伤感，有一次，她在沙发上突然哭了起来。我放下手里的小宝宝，走过去坐在她身边。

我搂着她说：“看来我们家的大宝宝不开心了，有什么想跟妈妈说的吗？”

童童沉默了一会儿，说：“妈妈，你们每个人都围着妹妹转，没

有一个人管我。”

那段时间，小宝宝黄疸比较严重，我们关注她较多，有些冷落了老大。

我有些内疚，摩挲着童童的头发，说：“对不起，妈妈有些冷落你，你肯定感到伤心了。”

童童忍不住又哭了起来，说：“我真想把妹妹再送回医院。”

我说：“妈妈理解，这样爸爸妈妈陪伴你的时间就多一些了，对吗？”

童童：“是的。”

我问：“那么，你觉得咱们什么时间再把她送回医院好呢？”

听完这句话，童童赶紧仰起头不相信地看着我。她肯定没想到我会这样回答。她惊奇地问：“妈妈，你真要把妹妹送走啊？我不要！”

我之所以会这样问，是因为我充分了解童童，我知道她肯定不愿意把妹妹送走，因为她是那么爱妹妹，喜欢抱妹妹，逗妹妹，她今天有点小情绪都是正常的，通过我对她感受的认可和引导，她基本已经走出伤感的氛围了，所以，我才敢跟她开这样的玩笑。

我笑着抱了抱童童，说：“妈妈跟你开玩笑，妈妈也不舍得。童童，你记住，你和妹妹都是妈妈的最爱，你们都是独一无二、不可替代的！妹妹来到这个世界上，她不会夺走爸爸妈妈对你的爱，你是我们唯一的大女儿——童童，你给我们带来的初为人父人母的喜悦和幸福是谁也无法取代的。”

童童笑了，她说："妈妈，我爱你，你能不能再给我讲一讲我出生时的故事。"

那是她最喜欢听的桥段，我又不厌其烦地又讲了一遍。然后，她就催促着我要和我一起去看看小宝宝了。

老二出世后，老大表现出来的嫉妒、不安和伤心等情绪都是正常的，我们要鼓励她说出来，而不是压制它们。当孩子厌恶或者嫉妒他们的弟弟或者妹妹，但是又不准他们说出他们的感受时，他们可能会做梦把弟弟妹妹扔出窗外或者推下河。记得在我少年时期，就常常做同一个梦，就是和父亲狠狠地吵架，把他驳得哑口无言。这是因为在现实生活中，不敢顶撞父亲甚至不敢和他讲话的缘故吧。梦由心生，过于压抑，积存的负面情绪就会通过做梦来宣泄出来。跟可怕的噩梦相比，让孩子用言语表达出嫉妒和愤怒对孩子的身心更好。

当孩子们说"这不公平"时，要倾听并认可他们的感受。很多时候，只是简单的认可就足以抚慰孩子受伤的心理。如果这还不够，我们可以继续问一些启发性问题："你认为还有哪些事情，妈妈做得不公平？还有没有其他的事情让你烦恼？"直至孩子说"没有"。有了充足的倾听和接纳，往往就不需要我们再去做任何事情，就让孩子重新获得了愉悦和满足的心理。

（三）不介入孩子们之间的争端

在诸多兄弟姐妹的家庭里，当孩子们之间发生争执时，想想看，父母们最爱说的话是什么？"你比他大，要让着他点。"这样的话，

相信大家都不陌生。这也是我们处理孩子们告状或者纠纷时的一贯态度。然而，这种态度或者这种偏袒会造成什么后果呢？老大有可能成为恃强凌弱者，在父母不在的时候，狠狠地欺负弟弟妹妹，来换取父母偏袒弟弟妹妹的心理平衡；弟弟妹妹呢，他已经清楚地意识到了，让父母介入他俩之间争执的最大受益者，是他本人。因此，他会形成一种受害者心态，故意招惹老大，让老大打自己或者吼自己，以此来换取父母的注意，获得心理的满足。如果父母能够注意到当老大因此而受到训斥时弟弟妹妹脸上的得意表情，或许父母才会有所觉悟。父母们很难相信，孩子们争吵、打架的主要原因就是为了让父母介入。那是他们寻求关注、权利或者报复的方式，如果我们频繁地介入孩子们之间的争执，其实就是强化孩子们对于如何获得价值感和归属感的错误信念。

请记住，家长不是法官或者审判官，很多时候，你无须介入他们之间的争端。你可以选择一个恰当的时机告诉孩子们：我真的不喜欢总是充当你们的法官，我决定辞职，从现在起，我不会再介入你们之间的争端，你们的问题你们自己解决。

当你决定这样做时，你就要尽力执行。比如当有孩子又跑来向你告状时，你可以说：“我不参与你们之间的纠纷，我相信你们自己能解决问题。”同时，在家庭会议上，鼓励孩子们想出可行的解决办法，培养孩子独立解决问题的能力和对自己负责的心态。

如果有时候，你做不到置身事外，那么，最有效的处理方式就是平等对待。如何做到“平等”？你可以使用一个最中性的词语，就是“孩子们”。不要偏袒一方或者试图找出是谁的错。因为，很多时候我们很难知道究竟是谁挑起了事端。你可能看到了哥哥打了妹妹，但却没有看到妹妹如何招惹了哥哥。我们不可能看到所有的事情。即使你看到了所有的事情，当你试图指责另一方时，他也会百般抵赖，拒不认错。“公平”是一种很个人化、选择性很强的想法，在你看来公平的事情，至少从一个孩子的角度看肯定就是不公平。所以，不要试图搞清楚是谁引起了战争。你只需做到一碗水端平，同样对待每一个孩子即可。例如两个孩子打架，你可以给双方同样的选择。“你们要么停止打架，要么到外面或另一个房间去打。”或者“你们愿意各自去自己的房间，等你们觉得不会打了再出来？还是想一起到一个房间里去找解决问题的方法？”“你们愿意听妈妈讲一个故事来平复一下心情吗？”“你们是选择去‘平静区’还是抽取‘释放愤怒选择单’？”你想怎么说或者怎么做都可以，前提就是要把他们放在处境相同的位置上。

当家长不再介入孩子们之间的争端，或者通过平等对待使他们处境相同时，你会发现，孩子们之间的争执越来越少，打架次数也会极速减少。即使再有争端，孩子们解决问题的时候也会比以前温和而快速了。

（四）鼓励孩子们自己解决问题

我们经常会低估孩子们解决问题的能力，很多成年人解决冲突的

办法并不一定适合孩子，孩子有自己的逻辑。想一想，有多少次当你还在为了孩子们的事大动肝火时，他们却早已忘记了争吵的原因，开心地玩在一起了。所以，当孩子们之间发生争执时，我们不妨鼓励他们自己解决问题。比如孩子们为谁应该控制电视遥控器而争吵，怎么办？你不妨先把电视关掉，然后说："我现在要把遥控器收起来，直到你们能想出一个不争吵的方法。你们解决了问题之后来找我，我会把遥控器还给你们。"如果孩子们说："这不公平，这个遥控器是我先抢到的"或者"妈妈，是姐姐在耍赖，她总是霸占着遥控器"，你可以说："我没有兴趣找出是谁的错或者给你们当法官。我关心你们如何解决这个问题。在你们想办法时，我很乐意提供建议。"可能刚开始，孩子们会抱怨，但他们很快会认清现实，积极想出办法。也许想出的方法一会儿就失灵了，孩子们又开始争吵，父母只需说："你们重新想办法吧。原来的办法好像不管用了。你们商量好再来找我，到那时候再看电视。"

（五）要确保把爱的信息传递给每个孩子

兄弟姐妹多的时候，常常会有人觉得父母偏爱，尤其我们那个年代，家里常常有三四个甚至五六个孩子。不知是父母有意还是无意，当孩子们大了时，还会有其中的孩子说起童年，心里愤愤不平，认为父母对自己不如对其他的兄弟姐妹疼爱。

这也许是父母的一种无意识，从出生顺序来看，父母常常赋予老大更多的责任和担当，给老小更多的宠溺和爱护，而中间的几个，常常受到父母的冷落和忽视。这种无意识的偏爱会给孩子带来伤害，以至于成年后都无法释怀。

现在的时代，我们的家庭一般最多两个孩子。希望我们做父母的不要再让此类事情发生。我们要确保把爱的信息传递给每一个孩子，让他们知道他们每个人都被父母无条件地、全身心地爱着，让他们带着满满的安全感快乐健康地长大。

（六）父母应引导同胞之间合作而非竞争

永远不要把孩子放在比较的天平上。当你说“我多么希望你能和妹妹做得一样好”时，你得到的不是孩子的奋发向上，而是孩子的气馁、失落、自卑和竞争。

我们应该给孩子们传输一个信息：他们每个人都是独一无二、不可替代的。你可以对老大说：“你的观察能力真的很强，像一个小侦探，你常常会发现我们发现不了的一些细节。”你也可以对老二说：“你是那么善解人意，在妈妈需要处理一些事情的时候，你总是能够自己安静地玩，不去打扰妈妈。” 当大一些的孩子抱怨你为何对待他和弟弟妹妹的方式不一样时，你也可以说：“你们是不一样的孩子，所以我对待你们自然不一样。”

当我们这样说，并且真的是这样认为的时候，孩子们之间的嫉妒和争吵、打架也会减少很多。因为，我们知道竞争往往存在于同一领域、同一专业的公司和人员之间。

另外，我们可以引导孩子们多去玩一些需要合作和团队精神的活

动。让他们看到，他们不同的长处有不同的作用，只有友好合作，才可能取得活动的成功。让孩子们知道，我们是那么欣赏他们区别于其他孩子的独特品质。

故事分享

宝贝，妈妈的爱不会减少

四岁的贝姬觉得弟弟的出生把自己“赶下了王位”，对这个小宝宝的感受让她很困惑。有时候，她爱他，而有时候她希望他从来没有出生过，因为妈妈和爸爸在他身上花了那么多时间。她不知道自己怎样才能得到父母的关注，除了做出像小宝宝一样的行为。

有一天晚上，小宝宝睡着后，妈妈和贝姬一起坐在餐桌旁，说：“宝贝儿，我想给你讲一个关于咱们家的故事。”

妈妈已经找好了四支长度不一样的蜡烛，“这些蜡烛代表咱们家。”她拿出一支长蜡烛，“这是蜡烛妈妈，代表我。”妈妈一边说一边点燃了蜡烛，“烛火代表我的爱。”她拿出另一支长蜡烛，说：“这是蜡烛爸爸。”她用蜡烛妈妈的烛火点燃了蜡烛爸爸，说：“当我和爸爸结婚时，我把自己全部的爱给了他——而我的爱一点都没有少。”妈妈将蜡烛爸爸放到了烛台上。然后，她拿出一支略短的蜡烛说：“这支蜡烛代表你。”她用蜡烛妈妈的烛火点燃了这支短蜡烛，说：“当你出生时，我把自己全部的爱给了你。你看看，爸爸仍然拥有我全部的爱，而我的爱一点都没有少。”妈妈将这支蜡烛放到了挨着蜡烛爸爸的烛台上。接着，她拿出最短的那支蜡烛，一边用蜡烛妈妈的烛火点燃，一边说：“这支蜡烛代表你的小弟弟。当他出生时，我把自己全部的爱给了他。你看——你仍然拥有我全部的爱，爸爸也拥有我全部的爱，但我的爱并没有减少，因为爱就是这样。你可以把爱给你爱的每一个人，而你的爱并不会因此减少。现在，看看我们全家人用这所有的爱点燃的光吧。”

妈妈给了贝姬一个拥抱，问：“这样能帮助你理解，我爱你就像爱你的小弟弟一样多吗？”

贝姬说：“能，而且我也可以像你一样爱很多人。”

发生在我们身上的事情，永远不如我们对这些事情产生的信念重要。

我们的行为是以这些信念为基础的，而且这些行为和信念与所有人的主要目标直接相关——感觉到我们有归属感和价值。

妈妈学会了处理贝姬不良行为背后的信念，从那以后，这再也不是问题了。

后记

改变自己才能影响别人

我在接触的诸多家长中，常常发现一个有趣的现象，随着学习的深入，许多家长开始发生质的转变，他们不仅能够用正确的教育理念武装自己，也能用正确的教育方法对待孩子，更可喜的是，他们看到了孩子身上积极的变化。但是，新的担心和矛盾也凸显出来，因为他们接受不了他们的爱人或者其他的家人依然再用错误的教育方法对待孩子，于是，他们想改变家人，可是，改变一个人谈何容易，况且是一个不想发生改变的人。于是怨言和家庭矛盾也多了起来。

这些家长回来向我诉苦，我告诉他们，我们不要奢望去改变任何人，我们能做的只有改变我们自己。还记得威斯特敏斯特大教堂地下室的墓碑林，一块名扬世界的无名墓碑上著名的墓志铭吗？“当我年轻自由的时候，我的想象力没有任何局限，我梦想着改变这个世界；当我渐渐成熟明智的时候，我发现这个世界是不可能改变的，于是我将眼光放得短浅了一些，那就只改变我的国家吧，但是我的国家似乎也是我无法改变的；当我到了迟暮之年，抱着最后一丝努力的希望，我决定只改变我的家庭、我亲近的人——但是，唉！他们根本不接受改变。现在在我临终之际，我才突然意识到：如果起初我只改变自己，接着我就可以依次改变我的家人。然后，在他们的激发和鼓励下，我也许就能改变我的国家。再接下来，谁又知道呢，也许我连整个世界都可以改变。”

确实如此，那些真正改变别人的人，从来没有想着去改变别人，他只是不断地自我学习和提高，而和他在一起的人，为了适应他的改变或者受他的影响，也在无意识地慢慢发生转变。所以，为什么要让我们的孩子多和优秀的人接触，道理便是如此。你知道仙人掌的叶子是哪一部分吗？就是那根小小的刺。为什么别的植物的叶子都那么大，而它的那么小。就是因为它的老家是在干旱的沙漠里，极度缺水，为了适应环境，叶子慢慢退化，最后变成针状。所以，你变了，别人为了适应你的改变，他一定也会发生改变。越小的孩子，他的变化越快、越明显。越大的孩子，越需要你付出更多的耐心与时间。但不管年龄多大，都能改。你的爱人和其他家人也是如此。所以，无须担心别人如何对待你的孩子。况且，人的本性都是向善向上的，你用

积极正面的方法对待孩子，孩子自然也最容易受你的影响。

在我和孩子相处的过程中，我越来越深刻地意识到：孩子真的是帮助我修行的。在没有孩子之前，我可以说是一个野蛮人、一个原始人，我生活得随心所欲，无羁无绊，从不或者很少去反省自己的言行。在有了孩子之后，我逐渐地学会控制自己的言语，反省自己的行为，我从一个脾气急躁、爱抱怨的妈妈慢慢地变成一个乐观包容的、温和坚定的、冷静理智的智慧妈妈。不仅如此，我还欣喜地发现，我的爱人也在往更智慧、更成熟的方向发生转变。我想，这就是成长。这是孩子们送给我们的最好礼物。

我希望全天下的父母都能和我一样，意识到自己的不足，并发生积极的转变。因为，只有你变了，你的孩子才能更加快乐健康地成长！只有你变了，你的家庭才能更加幸福和谐！

最后，感谢孩子，促使我们成长！感谢孩子，让我们变得智慧！